LA VOIX

DE LA NATURE,

ou

TRAITÉ DES GOUVERNEMENS.

L·A VOIX
DE LA NATURE

OU

TRAITÉ DES GOUVERNEMENS.

OUVRAGE DÉDIÉ AUX GOUVER.
NEMENS ET AUX PEUPLES.

Où l'on développe l'origine des sociétés, des inégalités, des propriétés, des autorités, des souverainetés, des lois, des constitutions, des révolutions, du sacerdoce, de la noblesse, des distinctions, et généralement toutes les questions de droit naturel, politique et civil qui intéressent les gouvernemens et les peuples.

Litem natura diremit.

Ovid. Metamorph.

Tome Prèmier.

A VIENNE EN AUTRICHE ET CHEZ LES PRIN-
CIPAUX LIBRAIRES DE L'EUROPE.

1807.

AUX GOUVERNEMENS

E T

AUX PEUPLES.

Sur quelle base reposent les gouvernemens, les lois, les peuples, les autorités, les souverainetés, les partages, les propriétés, les distinctions,
les inégalités : voilà le probléme important dont on s'occupera dans cet
ouvrage.

L'expérience est un grand maître, sans doute. La verge de la tri-
bulation à la main, elle frappe, elle
étonne, elle rend les esprits atten-

tifs, elle parle puissamment par les effets; mais elle n'indique pas les causes. Elle nous crie hautement que nous nous trompons sur les gouvernemens; mais qui est-ce qui se trompe, et en quoi nous trompons nous? est-ce dans les principes, est-ce dans les conséquences? et dans quels principes et dans quelles conséquences? c'est ce quelle ne nous apprend pas.

Eh quand est-ce que l'expérience a donné à l'univers des leçons plus terribles? depuis long temps, pour nous servir des expressions de l'illustre Bossuet, les nations sont dans la plus cruelle agitation; le monde moral, ébranlé jusques dans ses fondemens, chancelle comme un homme ivre prêt à tomber; les peuples sont inondés de maux, la terre est abreu-

vée de sang.....Nous ne connois-
sons que trop bien les effets désastreux
de nos inconcevables systèmes; cependant malgré ces effets désastreux y
renoncons nous ...? en est-on moins
intimément persuadé qu'en les suivant,
on va régénérer le monde, rétablir
les conventions primitives? ...

On va régénérer le monde! .. Etrange manière de régénérer le monde que
de le couvrir de ruines! .. Etrange
manière de rétablir les conventions
que d'opprimer la liberté des peuples!

*On va rétablir les conventions pri-
mitives!* .. Mais si jamais il n'y a eu
de conventions primitives! .. Si jamais les peuples n'ont créé l'ordre social! si jamais ils ne se sont donné des
gouvernemens? si la chose est physiquement, moralement et radicalement

impossible! si cette opinion est essentiellement fausse ! si c'est là précisément le point fondamental sur lequel
nous nous trompons! le malheur ne
nous a donc pas détrompés, l'expérience ne nous a donc pas encore con-
duits à la source de nos maux! . . On
croit que l'opinion n'est rien. Certes,
c'est l'opinion qui gouverne les esprits,
et ce sont les esprits qui gouvernent
les corps ; de sorte qu'en dernière analyse, c'est l'opinion qui gouverne le
monde, et qui le bouleverse, quand
elle est égarée.

Mais lorsque l'opinion est égarée,
quel est le moyen de la redresser ?
est-ce la paix, est-ce la guerre, est-ce
aucun des moyens physiques qu'on a
employés jusqu'aprésent?..Quand tout
l'univers seroit subjugué; seroit-il prou-

vé que les vainqueurs auroient raison,
et que les vaincus auroient tort?

Ne nous abusons pas : les moyens
physiques ne peuvent rien sur les opinions. Quand le monde entier seroit
forcé de se taire, quand l'ordre pa-
roîtroit parfaitement rétabli à l'exté-
rieur; tant que les esprits seront divisés, jamais il n'y aura de repos solide. Et les esprits seront divisés tant
qu'il y aura litige sur l'origine des
gouvernemens. Malgré l'expérience
éternelle du contraire, il en est toujours qui croyent fermement que *l'ordre social est l'ouvrage des peuples.* Il
en est d'autres qui le nient fortement
et qui prétendent que l'expérience est
pour eux. Ce grand procès qui a fait
verser tant de sang depuis le commencement du monde paroît avoir été

très mal examiné au tribunal de l'opinion. Portons le au tribunal de la
nature qui ne se trompe jamais, nous
l'y croyons jugé d'avance. *Litem na-
turd diremit.* *)

---

*) Par la voix de la nature, nous entendons la voix
de la raison et du droit naturel. Loin de nous
toute autre idée.

TABLE DES MATIERES CONTE-
NUES DANS CE PREMIER VOLUME.

Question Préliminaire.

D'où dérive l'ordre social: est-ce des conventions des peuples?

Tables des matières sur l'égalité

§. I. *Egalité des droits impossible d'après*
l'ordre de la nature. - - - - - - 41

§. II. Egalité des droits impossible d'après la raison. - - - - - - - - - - 66

QUESTION PRÉLIMINAIRE.

D'où dérive l'ordre social: Est-ce des con-
ventions des peuples?

Est-il bien vrai que par nature, les hommes
soient égaux et indépendans?

RAISONS D'EN DOUTER.

§. I.

La première raison d'en douter, c'est
que cette opinion est fortement contestée.

Parmi les auteurs que nous citerons dans
le corps de l'ouvrage, il en est une infinité
qui prétendent: que jamais les hommes ne
furent *ni égaux*, *ni indépendans*; qu'ils sont
subordonnés de droit naturel, que l'ordre
social ne dérive point du tout des conventions. Ils vont plus loin: ils prétendent que
ces conventions sont des contes, *commentum
philosophicum*; que cet état primitif d'égalité
est *un état idéal* qui n'a jamais existé et qui
n'existera jamais. Ils vont encore plus loin;

ils prétendent que ces conventions sont im-
possibles; „ que dieu s'étant réservé la for-
„ mation des souverainetés, n'a jamais con-
„ fié à la multitude le choix de ses maîtres:
„ que jamais le peuple n'est entré que com-
„ me instrument passif dans l'établissement
„ et le renversement des souverainetés; que
„ jamais aucune constitution ne fut le résul-
„ tat d'une délibération populaire; que ja-
„ mais nulle nation n'a pu se donner des
„ gouvernemens. " Ce sont les expressions
mêmes de ces auteurs. *)

Cette contestation n'est pas de petite
importance. Car si ces auteurs ont raison,
voilà d'un seul coup tous nos contrats, toutes nos conventions, tous nos systèmes phi-
losophiques renversés! voilà d'un seul coup
toutes nos libertés d'égalité, d'indépendance, tous nos principes révolutionnaires frap-
pés de nullité: si ces auteurs ont raison,
nous voilà tous, très peu exceptés, aux anti-
podes de la nature. Avant d'y revenir, il
faut totalement changer d'opinion: il faut
qu'il s'opère une révolution prodigieuse dans
l'enseignement public: nous nous tromperions presque tous sur le point le plus essen-

---

*) C'est ainsi que s'expriment *Titius*, *Hornius*, *Mr.*
Bossuet, *Mr. de Fénelon*, *M. de Mestries*
et une infinité d'autres que nous aurons occasion de citer avec plus d'étendue.

tiel et le plus important de l'ordre social, sur *son origine et son maître.*

Quand ces auteurs auraient tort: une contestation aussi grave, formée par des hommes célèbres sur un point aussi important, seroit au moins une raison puissante pour suspendre son jugement, pour douter, pour examiner si, par hasard, nous ne nous tromperions pas.

§. II.

La seconde raison de douter, ce sont les conséquences terribles que l'on tire de cette opinion.

Car si une fois vous accordez que l'ordre social est *l'ouvrage des peuples,* que ce sont les peuples primitifs qui se sont donné des constitutions, les peuples actuels voudront en faire autant: si une fois vous accordez que les hommes primitifs étoient *indépendans* par nature, les hommes actuels voudront retourner à l'indépendance. A partir de cette terrible concession, voilà toutes les loix brisées, toutes les propriétés bouleversées, tous les gouvernemens poussés dans l'abyme des révolutions.

Envain, après avoir accordé ce principe important, vous retrancherez vous dans
les conséquences, et vous battrez vous en
héros: envain prétendrez vous que, dans les
conventions primitives, les hommes actuels
ont sacrifié leurs droits! ils vous répondront
qu'ils n'y étoient pas. Envain leur réplique-
rez vous que leurs pères les ont sacrifiés pour
eux et que la société ne meurt pas! ils vous
répondront que leurs pères sont bien morts
et qu'il s'agit ici d'individus et de droits individuels. — Certes, mon bras n'est pas celui de mon voisin, mon suffrage encore
moins: „ que nos pères pouvoient bien dis-
„ posér de leurs droits, mais non pas des
„ nôtres, *que tout homme étant né libre et*
„ *maître de lui même, nul ne peut l'assujettir*
„ *sans son aveu* *) et que, quand bien mê-
„ me les hommes primitifs eussent eu la
„ prétention extravagante de sacrifier les
„ droits des hommes actuels, les hommes
„ actuels pourroient les reprendre, parce
„ que des droits naturels sont imprescripti-
„ bles. “

Envain leur représenterez vous: „ que
„ si leurs pères crurent devoir sacrifier leurs
„ droits dans l'origine, ils ont le même in-
„ térêt maintenant: qu'ils sont bien mieux
„ dans l'état civil: que la liberté politique

---

*) *J. J. Rousseau.* Contrat Social.

,, est infiniment préférable à la liberté na-
,, turelle. " A tout cela ils vous répondront
que quand on est mal, la meilleure de toutes les libertés est de pouvoir changer jusqu'à ce qu'on se trouve mieux : qu'ayant reçu cette liberté de la nature, ils prétendent
en jouir, que tous ceux qui veulent s'y opposer ne peuvent être que des tyrans.

Envain leur peindrez vous en traits de
feu les maux incalculables que traînent après
elles les révolutions ; envain leur exposerez
vous avec énergie, que depuis qu'ils ont
changé, ils sont mille fois plus pauvres, mille fois moins libres, mille fois plus à plain-
dre qu'auparavant etc. Si vous accordez
qu'ils étoient libres dans l'état primitif, tout
ce qu'ils concluront des maux actuels, c'est
qu'on s'y est mal pris, c'est que la constitution actuelle est encore mauvaise ; c'est que
parmi le peuple ou parmi ceux qui gouvernent, il en est encore qui traversent leurs
vues, qui s'opposent à leur bonheur, qu'il
faut égorger, massacrer, déporter, changer
de constitution jusqu'à ce que la régénération
soit faite. Tant que le principe restera, on
criera : *toujours le principe, jamais les conséquences.* On prétendra qu'il faut tout en-
treprendre, tout renverser, tout essayer jusqu'à ce qu'on soit parfaitement libre.

J'en atteste le lecteur impartial : voilà
non seulement ce que l'on a dit, mais ce que

l'on a fait dans la révolution françoise; et voilà ce que l'on a dit et ce que l'on a fait non seulement dans la révolution françoise, mais dans toutes les révolutions qui ont eu lieu depuis le commencement du monde. Sans égard aux conséquences, on s'en est tenu aux principes; *au prétendu droit naturel des hommes primitifs.*

Mais si ce principe est faux; si, comme le prétendent les adversaires de cette opinion, tous ces prétendus droits naturels des hommes primitifs sont illusoires; c'est donc nous qui (sans y penser et par une erreur bien involontaire sans doute) mais enfin c'est nous qui par notre imprudente concession, plongeons l'univers dans le deuil. Si tous les peuples s'entrégorgent, si la terre est inondée de sang, si les hommes abusés roulent d'essais en essais, de révolutions en révolutions, d'abymes en abymes, dans l'expectative d'une liberté chimérique qu'ils n'ont jamais eue et qu'ils n'auront jamais, c'est notre imprudente concession qui en est la cause.

§. III.

La troisième raison de douter, c'est que ce principe a toujours bouleversé le monde.

Sans doute, dans tous les temps, c'est la fausse liberté qui a égaré les hommes: c'est la fausse philosophie qui a levé à la tête des peuples l'étendard de la rébellion et de l'indépendance; mais d'où la fausse philosophie est elle partie pour égarer les hommes? du principe désastreux que nous lui accordons. Qu'a t-elle écrit et qu'a-t-on lu, dans sa marche altière, sur le haut de son étendard? Ce principe désastreux et cependant presque généralement accordé: *qu'originairement les hommes étoient indépendans, que l'ordre social est l'ouvrage des peuples.*

D'où a-t-elle conclu „que la loi est la „ volonté générale, que les peuples sont les „ vrais souverains; que les rois, les juges, „ les officiers et tous ceux qui sont emplo- „ yés dans la société ne sont que leurs re- „ présentans"? d'où a-t-elle conclu „ que „ par droit de nature tout homme peut être „ prêtre, pontife, prince ou magistrat, sol- „ dat ou général, qu'il n'y a point d'autre „ distinction que le mérite personnel; que „ tous ont des droits égaux à toutes les fonc- „ tions, que le tout dépend du choix et de

„ la volonté des peuples. " D'où a-t-elle conclu „ que les peuples sont toujours libres,
„ toujours les maîtres d'instituer et de desti-
„ tuer, de changer et de réformer, d'élever
„ ou de renverser, de donner ou de retirer
„ les pouvoirs etc. etc. "? D'où l'a-t-elle conclu? de ce principe désastreux et cependant
presque généralement accordé: *qu'originairement les hommes étoient indépendans; que
l'ordre social est l'ouvrage des peuples.*

Sans doute, dans tous les temps, c'est
la fausse philosophie qui a tout brisé! c'est
elle qui tient encore la hache et le marteau
dans les mains pour tout briser et tout renverser dans l'univers. Mais de quel droit
a-t-elle brisé la *monarchie* en France, l'*A-
ristocratie* à Venise, la *démocratie* à Genève: de quel droit mine-t-elle perpétuellement
les gouvernemens? de quel droit renversa-
t-elle autrefois ceux de *Rome*, d'*Athènes*,
de *Sparte*, et prétend-elle encore renverser
tous ceux qui existent maintenant? de quel
droit? en vertu du prétendu droit naturel
qu'avoient les peuples dans l'origine de se
donner des gouvernemens. Dans quelle vue,
dans quel dessein le fit-elle autrefois, et prétend-elle encore le faire de nos jours? dans
le dessein de régénérer tous les peuples, de
leur rendre le prétendu droit naturel, qu'ils
avoient dans l'origine, de se donner des gouvernemens, pour briser leurs fers et les rap-

peller à leur indépendance primitive. *Franc-maçons*, *Martinistes*, *Illuminés*, sectes phi-losophiques de toute espèce: tout part de là, tout aboutit là : tous raisonnent d'après ce principe désastreux et cependant presque généralement accordé: *qu'originairement les hommes étoient indépendans; que l'ordre so-cial est l'ouvrage des peuples.* C'est à ce prin-cipe que tout tient : ce principe une fois ren-versé, tout tomberoit de soi-même et s'écrou-leroit avec fracas!

Enfin sous quelque forme que la fausse philosophie se soit montrée; quelque secte qu'elle ait employée, quelles que soient les régions qu'elle ait dévastées: son principe fut toujours le même. Dans tous les tems et dans tous les lieux, il est visible que c'est là le marteau avec lequel elle a tout brisé, la hache avec laquelle elle a tout détruit, la torche avec laquelle elle a tout incendié, le glaive avec lequel elle a tranché t----s les liens sociaux, le levier que nous lui avons mis dans les mains, et dont elle s'est servi si efficacement pour jetter tous les gouver-nemens hors de leur base. Or, est-il à pré-sumer qu'un instrument qui a occasionné tant de ruines soit un bon instrument, qu'un arbre qui, dans tous les temps, a produit des fruits aussi amers ne soit pas un arbre gâté; qu'une cause qui depuis le commencement du monde a constamment occasionné des effets aussi désastreux soit une bonne cause? et si, comme le dit un auteur moderne *) „une seule conséquence démontrée fausse, „contraire à la nature, désastreuse au genre humain, devient par cela seul la démonstration que la nature comme la vérité déteste le principe source de tant de „désastres, " comment un principe, dont on a tiré dans tous les temps des conséquences aussi terribles, aussi désastreuses et aussi multipliées, ne seroit il pas justement soupçonné de n'appartenir ni à la vérité, ni à la nature?

---

§. IV.

La quatrième raison de douter de cette opinion, c'est son obscurité et l'embarras de ses défenseurs.

Certes, depuis le commencement du monde, cette origine de l'ordre social par le consentement des peuples a été adoptée et soutenue par de grands auteurs. Le fameux *Puffendorf* a employé de longs et nombreux chapitres à développer comment avoit pu se faire cette célèbre génération des gouvernemens. **) J. J. *Rousseau*, le maître de tous

---

*) M. *Baruel*, Mémoires sur le Jacobinisme Tom. III.

**) Voyez *Puffendorf: de generations summi imperii civilis* etc.

les philosophes modernes a prodigieusement
écrit sur l'état de pure nature et sur le contrat social. Qu'est-il résulté des travaux immenses de tous ces grands hommes? des pro-
ductions obscures, sophistiques, embrouil-
lées, un chaos où l'esprit se perd sans espoir
d'y rien concevoir jamais. *)

Certes, depuis le commencement du monde et même depuis la dernière révolution,
il a paru d'excellens ouvrages, des auteurs
qui ont soutenu le bon parti avec une énergie
de style, un zèle et une supériorité de talens qui les mettent au dessus de tous les
éloges. Cependant toutes les fois qu'ils ont
supposé ce principe désastreux, comment se
sont ils défendus? Avec un désavantage frap-
pant; par des subtilités et des distinctions
métaphysiques qui sont, dans les combats
d'esprit, le signal certain de la détresse, et
d'après lesquelles il a toujours fallu finir par
jetter à la tête des adversaires précisément
tout ce qu'ils veulent, c. à. d. *l'arrangement
primitif de l'ordre social par les peuples.*
Qu'on le fasse ensuite *bénir et sanctionner
par dieu;* qu'est ce que cela leur fait, pour.

*) Voyez J. J. Rousseau: discours *sur l'origine de
l'inégalité, sur l'économie politique, le contrat social* etc. tout est obscur, inintelligible, pa-
radoxal dans les ouvrages des partisans de ce système. Parce que tout y est faux.

vu que ce soit eux qui l'arrangent? n'est-ce
pas de cet arrangement que tout dépend?
dès que vous leur accordez ce membre de
distinction, subtilisez tant qu'il vous plaira,
ils ont tout ce qu'ils demandent.

Tout ce qu'on a gagné en accumulant
les distinctions, a été de grossir les livres,
d'embrouiller les idées, de multiplier les
points de défense, sans rien changer dans la
position réelle des choses. Après toutes ces
subtilités et ces distinctions, cette cause a
toujours paru si délicate, si mal défendue,
si dangereuse même à traiter aux esprits les
plus clairvoyans qu'ils ont cru devoir jetter
dessus le voile du silence, et qu'ils ont fortement recommandé de ne point agiter de pareilles questions! c'étoit livrer la place aux
ennemis ou du moins les laisser faire. C'est
à la faveur de cet abandon désolant, qu'a-
près avoir avancé leurs mines, poussé leurs
tranchées, grossi leur nombre, préparé sans
obstacle toutes leurs batteries, ils ont enfin
effectué dans son temps, avec un succès
vraiment effrayant, cette explosion terrible,
qui après avoir renversé la France, a porté
le feu dans tout l'univers.

L'erreur est obscure, embrouillée, difficile à établir et à défendre; mais la vérité
ne l'est pas. Dès que, (en admettant cette
origine,) les plus grands génies, après des
travaux immenses, n'ont pu venir à bout

d'être clairs; dès que les hommes les plus célèbres, les génies les plus transcendans, après les plus belles défenses, après des efforts mille fois réitérés, se sont tous accordés à trouver cette cause délicate, difficile et même dangereuse, qu'ils ont cru finalement que le plus prudent étoit de se taire, et de renoncer à la défendre, n'est-ce pas une forte présomption et presque une démonstration que cette origine est radicalement fausse?

§. V.

La cinquième raison de douter; ce sont les progrès rapides de cette opinion dans tous les temps.

Car on est loin d'en disconvenir: cette opinion, que l'ordre social vient originairement des peuples n'est pas nouvelle. Dès les temps les plus reculés, des écrivains célèbres l'ont eue; de grands hommes l'ont enseignée; elle fut professée à Rome, à Athènes longtemps avant qu'on pût y penser en France. Du moment où elle parut sur la terre, elle s'y répandit avec la rapidité d'un torrent, quelquefois avec l'universalité d'un déluge; dans tous les temps, elle laissa des traces de son inondation jusque dans les meilleurs ouvrages; elle opéra une submersion presque générale

dans différens siècles, comme elle en a opéré
une dans le nôtre. Ses partisans objectent
son extension, nous n'en disconvenons pas. *)

Mais comment une doctrine qui établit
en principe que les hommes sont indépendans par nature, qu'ils ne sont subordonnés
que par convention, n'eût-elle pas fait de rapides progrès? comment une doctrine si fa-
vorable à l'indépendance, si flatteuse pour
les passions n'eût-elle pas été enfantée par
les passions, dès qu'elles eurent occasion
de la mettre au monde? comment n'eût-elle
pas été, dans tous les temps, accueillie avec
avidité, propagée avec enthousiasme, soutenue avec emportement, maintenue avec
fureur?

On sait bien que cette origine eut autrefois des sectateurs et des partisans très nombreux: on sait bien que des hommes estimables, des écrivains, très-zélés d'ailleurs
pour le bien, y croyent encore, en sont intimément persuadés. Mais enfin, si, le tout

*) Nos prétendus régénérateurs croyent être les pre-
miers qui appellent les peuples *à l'égalité et à
la liberté*: Cette proclamation toute neuve existoit plus de quatre mille ans avant eux. Cette
parole cachée qu'ils croyent avoir trouvée, cette
désastreuse *liberté* étoit malheureusement connue
dès avant le déluge, et en fut la cause.

bien considéré, cette opinion se trouvoit fausse ; si les auteurs qui la contestent se trouvoient avoir raison; que conclure des progrès de cette doctrine, sinon que le mal est contagieux ? que conclure de sa généralité actuelle, sinon que, de nos jours, le mal est à son comble? que conclure du nombre prodigieux d'hommes estimables qui y croyent encore, sinon que la contagion a gagné tous les états; que les médecins eux-mêmes en ont été attaqués, que les sujets les plus sains et les plus robustes n'ont pu se sauver totalement de ses atteintes?

Parce que les passions se retrouvent dans tous les hommes, en sont ce moins des passions ? l'erreur de l'idolâtrie, parce qu'elle fut universelle, en étoit elle moins une erreur? un incendie, parce qu'il gagne rapidement de maisons en maisons, en est-il moins un incendie? les progrès rapides de cette opinion joints aux ravages terribles qui en sont résultés ne sont ils pas une preuve de plus qu'elle est contagieuse, et une grande probabilité de plus qu'elle est fausse?

S. VI.

Enfin la sixième raison de douter de cette origine, c'est l'expérience.

Car jusqu'ici, on a eu beau parcourir le monde entier, jamais on n'a pu y découvrir un peuple indépendant. On a eu beau bouleverser le monde, briser les anciens gouvernemens, en essayer de nouveaux, jamais on n'a pu rendre le peuple maître. Jamais, ni dans les révolutions anciennes, ni dans les nouvelles, le peuple n'a fait les loix, jamais il n'a été consulté en corps sur aucune constitution. Dans l'établissement ou le renversement de l'ordre social, comme le dit fort bien *M. de Mestries*, les peuples furent toujours *comme le bois et les cordages* employés par un machiniste: on leur a bien donné des gouvernemens, jamais ils ne s'en sont donné eux mêmes.

Certes, l'expérience est un maître bien tardif puisqu'il ne parle que par les effets et souvent par les plus terribles ravages; mais pour qui sait écouter ses leçons, c'est le plus sûr de tous les maîtres. Si les hommes sont indépendans par nature; pourquoi ne le sont ils nulle part? si les peuples purent autrefois se donner des gouvernemens, pourquoi ne le peuvent ils plus? pourquoi après des milliers d'essais et de révolutions complétement effectuées depuis le commencement du monde dans tous les temps et dans tous les pays, aucun peuple ne peut-il venir à bout de se donner une constitution et devenir son maître? tout ne semble-t-il pas nous crier avec l'expérience, que le principe que nous accordons est faux, que jamais l'ordre social ne put être l'ouvrage des peuples.

§. VII.

Projet de Division.

D'après tant de raisons de douter, *que faut il faire?* douter, examiner, réfléchir: et sur quoi? *sur l'origine de l'ordre social.* Car c'est sur ce point que se réunissent toutes les raisons.

On parle sans cesse de l'état de nature, on veut nous rappeler *à l'état primitif.* Eh bien, nous nous y reporterons à cet état primitif où l'on nous appelle. Là, placés au-dessus de la région mobile des opinions, dépouillés, comme cela doit être, de tout esprit personnel, le flambeau seul de la nature à la main, nous examinerons avec nos lecteurs *cet état primitif*; ce qu'il fut et ce qu'il dut être.

1. Dans cet état primitif, on croit que les hommes furent sans maîtres, sans distinctions, sans propriétés, indépendans les uns des autres, *parfaitement égaux en droits.* Ce premier fait est-il bien sûr? si, le tout bien examiné, *cette égalité primitive de droits* étoit un fantôme, une grande erreur sans aucun fondement de possibilité: qu'en dirions nous?

2. Après cet état primitif d'égalité, on prétend que les hommes fatigués de leur indépendance convinrent ensemble d'une forme de gouvernement et se subordonnèrent: c'est ce qu'on appelle *le pacte social.* Ce second fait est-il bien vrai? si, le tout mieux considéré, dès les premiers instans, les hommes étoient subordonnés par l'institution même de la nature, si *ce pacte social* étoit un conte, *une autre grande erreur* de l'esprit humain, qui ne put jamais éxister et qui n'éxista jamais; où en serions nous? ce sont ces deux faits célèbres ou *ces deux grandes erreurs de l'esprit humain* que nous éxaminerons *dans la 1ère partie.*

Après avoir détruit ces deux grandes erreurs et fait voir ce qui n'est pas, il faudra rétablir ce qui est, définir *l'autorité*, en développer l'étymologie, la fin et la nature. Dans un siècle où tout paroît frappé d'aveuglement, après avoir rouvert la source de l'autorité, il faudra en suivre le cours, montrer comment, du point d'où elle est partie, elle est descendue à travers toutes les révolutions et tous les bouleversemens sur la tête des souverains actuels et des usurpateurs eux-mêmes, expliquer tout ce qui concerne les corps civils. *Ce sera la seconde partie.*

Ensuite il seroit infiniment utile de rétablir les droits des peuples aussi étrangement méconnus et encore plus indignement outragés que ceux de leurs chefs; de faire voir, le bel ordre, la division, la superbe organisation de chacun de ces grands corps; comment ils doivent être constitués et organisés pour être libres, heureux, parfaitement combinés sous toutes les formes de gouvernemens. *Ce seroit le projet d'une troisième partie.*

Enfin, pour tout compléter, il faudroit expliquer ce qui constitue la balance des gouvernemens, fixer les limites de tous les droits et de tous les pouvoirs, faire voir en quoi consiste la liberté, établir la distinction de la liberté véritable et de la liberté fausse; *ce qui fourniroit une quatrième partie.*

B 2

Car voilà où conduit nécessairement le
vaste projet que nous annonçons. Parler
de l'origine des peuples, c'est parler de l'origine des lois, des autorités, des partages,
des propriétés, du droit civil et du droit des
gens. Si nous nous sommes trompés sur le
premier point, nous nous sommes trompés
sur tous les autres; et travailler à rétablir
ces premières notions, c'est s'engager à re-
manier tous les principes fondamentaux sur
lesquels repose l'ordre social. Cette carrière
est si vaste, les questions qui s'y rencontrent
sont si graves, si importantes, si multipliées que j'ignore jusqu'où je pourrai aller.

Mais l'essentiel est de commencer, d'e-
tablir clairement quelles sont nos erreurs.
Les erreurs une fois renversées, les vérités
viendront après, et elles viendront chacune
à leur tour. En marchant avec ordre, on
va bien loin quoiqu'on ne fasse qu'un pas
à la fois.

§. VIII.

But spécial de cet ouvrage.

D'après ce projet de division, l'on objectera peut-être que très probablement nous perdrons notre temps, „ que ces questions ont „ été supérieurement traitées avant nous „ dans d'excellens ouvrages; que toutes les „ vérités dont nous parlons y sont lumineu „ sement établies; que toutes les erreurs „ que nous poursuivons y ont été victorieu „ sement réfutées; que d'ailleurs on en a été „ radicalement guéri par l'expérience; que „ les personnes sensées ne croyent plus *ni à* „ *l'égalité, ni au contrat social;* que ceux „ qui feignent encore d'y tenir par intérêt, „ fonciérement n'y croyent pas davantage „ etc. etc. " A tout cela ma réponse sera courte, mais elle sera claire.

1. Tous ceux qui croient que dans l'origine ce sont les peuples qui se sont donné des gouvernemens croient très sincèrement *au contrat social*, et le nombre en est prodigieux, *donc on croit encore au contrat social.*

2. Tous ceux qui croient au contrat social croient très sincèrement qu'auparavant les hommes étoient égaux et indépendans;

donc on croit encore à l'égalité. Donc toutes ces erreurs ne sont pas réfutées.

En accordant que dans l'origine ce sont les peuples qui se sont donné des gouvernemens, on a bien prétendu qu'ils n'avoient plus le droit de s'en donner; c'est ce qu'on a appellé *réfuter le contrat social.*

En convenant que les hommes furent indépendans autrefois, on a bien prétendu qu'ils n'avoient plus le droit de revenir à l'indépendance; voilà ce qu'on a appellé *réfuter l'égalité.*

Mais, qu'on saisisse bien le but de cet ouvrage; ce n'est pas là ce que nous disons. Loin d'accorder que les hommes furent égaux autrefois, nous prétendons qu'ils ne le furent jamais. Loin de convenir que ce sont les peuples qui se sont donné des gouvernemens, nous prétendons qu'ils n'ont jamais pu le faire. Ce qui établit une différence immense entre ces auteurs et nous. Autre chose est d'accorder l'égalité et le contrat social, et d'en nier les conséquences; autre chose est de prouver *qu'il n'y eut jamais ni égalité, ni contrat social.* *)

─────────────

*) On a prouvé dans d'excellens ouvrages avec beaucoup d'érudition et de subtilité que les peuples

1. Ne croit on pas presque généralement
que dans l'origine chaque peuple fut le mai-
tre de choisir la forme de son gouvernement?
eh bien, c'est ce que nous nous proposons
de réfuter dans la 1ère partie.

En deux mots, qu'on nous entende bien
avant de commencer:

2. Ne croit on pas presque généralement
que dans l'origine nul autre que le peuple
n'a pu donner la forme aux gouvernemens?
eh bien cependant, dans l'origine, ce ne
fut point le peuple qui donna la forme

———————————————

n'avoient jamais pu posséder la souveraineté ni
avant le contrat, ni *pendant le contrat*, ni
après le contrat. Donc tous ces ouvrages laissent subsister et *l'égalité et le contrat* et toute
la difficulté. Car la prétention des peuples n'est
pas d'exercer jamais la souveraineté, c'est de pouvoir changer de souverains quand ils le voudront
et d'en être maîtres. S'ils l'ont été *lors du contrat*, ils prétendront l'être encore. Si au contraire
il n'y a jamais eu *ni égalité ni contrat*, la cause est finie. Il y a donc une différence immense
entre ces ouvrages et celui-ci.

aux gouvernemens; ce fut un autre maître que lui, que nous indiquerons dans la 2eme partie.

1. Jamais aucun peuple n'a pu se donner des gouvernemens:

2. Qui est ce donc qui a donné des gouvernemens aux peuples? voilà notre but spécial.

Ce ne sont donc pas des vérités rebattues et généralement avouées que nous nous proposons seulement de remettre sous les yeux dans cet ouvrage; ce sont des vérités méconnues, des vérités oubliées, des vérités contre lesquelles on a conçu de violens préjugés, des vérités très-difficiles à rétablir. Ce ne sont pas des erreurs dont on est désabusé que nous nous proposons de poursuivre, ce sont des erreurs qui existent encore des erreurs auxquelles on est fortement attaché, des erreurs qui survivent aux révolutions, qui résistent à l'expérience, des erreurs dont on ne reviendra qu'avec les plus grandes difficultés. On a abjuré les conséquences de *l'indépendance*, *de l'égalité et du contrat social*; mais les principes restent, et ce sont précisément ces principes que nous combatton.

Quoiqu'occasionné par les circonstances, ce n'est donc point ici un ouvrage de circonstance: c'est un ouvrage qui regarde tous les temps et tous les pays. Ce ne sont pas seulement les erreurs de la dernière révolution, ce sont les erreurs de toutes les révolutions: ce ne sont pas seulement les erreurs des françois, ce sont les erreurs de tous les peuples: ce ne sont pas les erreurs d'autrui, ce sont les nôtres.

§. IX.

Forme de cet ouvrage.

Comme ce sujet intéresse tout le genre humain et que je voudrois me faire entendre de tous, j'ai pris le style le plus simple et le plus uni et j'ai sacrifié tous les autres avantages de la diction à celui de me bien faire entendre. Voilà pourquoi en conservant la forme et les divisions lumineuses d'un traité, j'ai tâché d'éviter les termes scholastiques et tout le jargon scientifique et métaphysique que tout le monde n'entend pas. Les principes les plus abstraits et les notes explicatives je les ai rejettés à la fin de chaque question pour ne point embaras-

ser la marche. Tout est précieux dans
un sujet aussi important. Quoique brutes
encore, ce sera un magasin de matériaux
utiles: étant placés à part, les esprits peu
éxercés pourront les omettre. Les grands
maîtres pourront y prendre, tailler et repo-
lir; on sera libre.

Malgré toutes ces précautions pour me
rendre clair, il m'est impossible d'empêcher
que des principes éternels sur lesquels repose le monde politique et moral tout entier
ne soient essentiellement profonds. J'aver-
tis mon lecteur que dans certains endroits
sur tout, il faudra, pour lire avec fruit,
se rendre attentif, marcher lentement, creu-
ser, éxaminer, enfin *penser et réfléchir*: c'est
un métier qu'on ne sait presque plus: c'est
un métier qu'il est bon de rapprendre.

Dès qu'il s'agit des principes éternels
qui soutiennent l'ordre social, on sent assez
que je n'écris ni contre les peuples ni contre
les législateurs, ni contre les républiques,
ni contre les démocraties, ni contre aucune
forme de gouvernemens. Je réfute des erreurs et je rétablis des vérités: je replace
tout sur sa bâse; ainsi j'écris en faveur de
ceux qui gouvernent, comme en faveur de
ceux qui sont gouvernés sous toutes les formes de gouvernemens possibles.

Dans le parti que je soutiens, je ne me suis dissimulé ni la grandeur des obstacles, ni la masse imposante d'autorités qu'on ne manquera pas d'opposer. Mais à cette armée d'auteurs respectables que l'on produira, j'opposerai, je crois, des auteurs plus nombreux et plus respectables encore. Je marcherai avec ceux qui sont déjà revenus à la vérité, soutenu de l'antiquité toute entière; c'est ce cortège qui fait ma confiance: d'ailleurs, dès qu'il est question de principes éternels, il ne s'agit ici ni de nos opinions, ni de celles de nos maîtres. Ceux qui ont embrassé l'opinion contraire ont pu se tromper sur le point que nous discutons sans cesser d'être nos maîtres sur tous les autres, et nous pouvons les quitter dans le point où ils se sont trompés sans cesser de les regarder comme nos maîtres dans tous les points où ils ne se trompent pas. Voilà notre règle.

Je crois qu'on se trompe essentiellement *sur l'origine de l'ordre social* et conséquemment *sur son maître.* Plus j'examine, plus je crois en être sûr.

D'après cela, fussé je le plus inepte des hommes, je dois, aux risques de déplaire, crier, élever la voix, répéter mes clameurs, jusqu'à ce qu'on m'entende.

„ O homme, de quelque contrée que tu
„ sois, quelles que soient tes opinions

„ ecoute, voici ton histoire, telle que j'ai
„ cru la lire, non dans les écrits de tes sem-
„ blables qui sont des menteurs, mais dans
„ la nature qui ne ment jamais. Tout ce
„ qui sera d'elle, sera vrai. Il n'y aura
„ de faux que ce qu'y auront mêlé les frivo-
„ les humains. *)

---

*) C'est ainsi que *J. J. Rousseau* s'exprime dans son
   exorde sur l'origine de l'inégalité, pag. 4. C'est
   ainsi que nous terminons le nôtre.

LA VOIX
DE LA NATURE,

OU

TRAITÉ DES GOUVERNEMENS.

Première Partie. Tome. I.

Où l'on réfute deux grandes erreurs.

1. L'EGALITE.
2. LE CONTRAT SOCIAL.

Litem natura diremit.

Ovid. Metamorph.

Première Question.

L'ÉGALITÉ DES DROITS

A-T-ELLE JAMAIS EXISTÉ?

Etat de la Question.

1. Si l'ordre social fut originairement l'ouvrage des peuples, il fallut nécessairement attendre qu'il y eût des peuples, avant de procéder à l'établissement de l'ordre social; conséquemment il fallut attendre long tems: car la marche de la nature est progressive:

1. *La famille*, 2. *Plusieurs familles*, 3. *La multiplication des familles :* ce ne fut que long tems après ces premières époques, lorsque le genre humain fut prodigieusement multi- plié; ce ne fut conséquemment que plusieurs siècles après la première occupation de cha- que pays, qu'on put enfin jouir du bienfait des gouvernemens : *conditione multiplicati generis expensâ*, comme le dit fort bien *Pu- fendorf* 2. Or, dans un espace de tems aussi considérable, que faire des hommes déjà existans? ... Tous ceux qui placent l'ori- gine des gouvernemens dans les conventions des peuples, sont obligés de supposer dans chaque pays *un état primitif d'égalité et d'in- dépendance*, où les hommes furent très long tems sans chefs, sans supérieurs, sans au- torités, sans inégalités sociales, parfaite- ment égaux en droits, c'est à dire, comme l'observent tous les écrivains judicieux, ayant tous le droit égal de piller, de détruire, de s'égorger les uns les autres. C'est sur cet état primitif d'égalité que repose tout le système des conventions. S'il exista, tout le soutient : si c'est une erreur, tout s'écrou- le. *Or cet état d'égalité fut il possible ; exis- ta-t-il jamais?* pourra-t-on jamais concevoir qu'un être qui a fait éclater tant de sagesse dans l'arrangement de ses moindres ouvra- ges, ait débuté par une anarchie complette dans l'institution de l'ordre social; et que

celui qui tient dans sa main le premier an.
neau de toutes les 'chaînes des êtres, ait
laissé si loin de lui la plus nécessaire de
toutes, la chaîne des autorités? enfin, *les
inégalités sociales naquirent elles avec le monde, ou plusieurs siècles après la création; furent elles l'ouvrage de l'homme, ou l'ouvrage immédiat de l'auteur de la nature?...* Voi.
la le véritable état de cette première ques.
tion, qu'il faut avant tout s'appliquer à bien
entendre, et que tout le monde n'entend pas.*)

III. Quand on parle de régénérer le mon.
de, d'y rétablir l'égalité, qu'entendent par
là nos régénérateurs? ... Je crois bien que
personne n'a jamais imaginé qu'ils voulûssent
établir une égalité parfaite entre les hommes:
l'inégalité des corps, l'inégalité des esprits,
et mille autres inégalités qu'il est inutile de
détailler, s'opposeront à ce projet extrava.
gant, quand on pourrait être assez extrava.
gant pour le concevoir.

---

*) Quand on ne respecte plus *l'autorité* et qu'on
tombe *dans l'Anarchie*, ce désordre est l'ouvrage
de l'homme; mais, si dieu eût laissé les hommes
un seul jour *sans autorités*, cette *anarchie inévitable* eût été l'ouvrage de dieu. Comment supposer qu'il les y ait laissés des siècles? comment
raisonner d'après de pareilles hypothèses?

IV. *Qu'entendent ils donc par l'égalité?*
veulent ils du moins tirer le peuple de la
misère; établir l'égalité des conditions? point
du tout. Après la régénération qu'ils proposent, il y aura comme auparavant des riches
et des pauvres, des grands et des petits,
des maîtres et des ouvriers.

V. *Que prétendent-ils donc?* veulent ils
tirer les peuples de la dépendance, les dis-
penser de la subordination? il s'en faut beaucoup. Ils ne se proposent point du tout de
détruire les gouvernemens, puisque leur grande ambition est de gouverner eux mêmes;
il est évident qu'ils ne veulent pas supprimer
les grands emplois puisque leur but principal est de les avoir. Tous ceux qui leur
prêtent le dessein d'anéantir l'ordre social
ne se sont pas formé une idée juste de leur
système. Qu'on ne s'y trompe pas! Après
la régénération qu'ils annoncent, il y aura,
comme auparavant, des officiers et des sol-
dats, des gouvernans et des gouvernés, des
souverains et des sujets. Loin de condam-
ner l'ordre social, ceux d'entr'eux au moins,
qui se piquent d'avoir des lumières et qui
entendent leurs intérêts, protestent hautement que le gouvernement étant pour l'homme le plus signalé de tous les bienfaits, le
plus grand de tous les maux seroit de le détruire.

VI. *Qu'entendent-ils donc par leur éga-*
lité; que prétendent-ils? .. Ils prétendent
tout simplement que, jadis, dans un certain
état primitif, nos pères furent sans chefs,
sans autorités, parfaitement indépendans. —
Et que nous fait, dira-t-on, *cet état primitif*
de nos pères? — Il fait beaucoup. Car si
les hommes furent autrefois indépendans,
c'est volontairement qu'ils sont dans la dé.
pendance. S'ils furent autrefois sans gou.
vernemens, c'est volontairement qu'ils se
sont donné des gouvernemens. S'ils furent
autrefois *sans autorités*, c'est volontairement
qu'ils ont aujourd'hui *des autorités*: ce n'est
pas l'auteur de la nature qui leur en a don.
né malgré eux. Voila tout le but de ce sys.
tême. On ne veut pas détruire les gouver.
nemens, mais on veut s'en rendre maître:
on ne veut pas anéantir la chaîne des au.
torités, mais on veut la tenir dans les mains.
Quand on la tient, on en secoue violemment:
tous les anneaux pour faire tomber les sou.
verains, et se mettre à leur place. Quel
est le moyen efficace de remédier à tant de
desastres? .. c'est d'arracher la chaîne des
autorités de la main des hommes pour la re-
porter dans les mains du créateur. *)

---

*) *Vaudois, Wicleffites, Jaquets, Albigeois,*
Pastoureaux, Anabaptistes, Sectaires, au-
teurs de revolutions anciens et modernes, tous

VII. Quand nous nous mettons en devoir de combattre l'égalité, ce n'est donc
pas pour battre l'air, ni pour poursuivre de
vains fantômes : l'égalité que nous attaquons
est cette égalité que l'on enseigne, cette éga-

---

ont prêché *l'égalité primitive*. Delà tant de
maux, tant de désastres, tant d'atrocités, tant
de ravages dans tous les tems et dans tous les
pays. Si les hommes furent égaux autrefois,
biens, partages, fortunes, propriétés, emplois,
distinctions, tout est de pure convention : tout
fut originairement l'ouvrage arbitraire des hommes : tout dépend de leurs volontés. Cette 1ere
question est donc de la plus haute importance pour
la tranquillité du monde et la stabilité des gouvernemens. Au reste l'encyclopédie étant l'arsenal
universel des défenseurs de ce système, et cet ouvrage se trouvant partout, il sera facile au lecteur de vérifier article par article tous les points
que nous attaquerons. V. *Egalité*, état de *nature*, *état primitif* etc. Quant au projet de
bruler Rome, Vienne, Constantinople, de bouleverser toutes les villes, tous les villages et toutes
les maisons pour vivre en rare campagne, il est
peu goûté : on veut bien de l'égalité des droits ;
mais l'égalité primitive de fait n'est pas propre
à faire beaucoup de partisans.

lité que l'on soutient, cette égalité qu'il est
impossible de ne pas soutenir, quand on ad.
.met le système des conventions; *l'égalité primitive d'indépendance*... Nous savons très
bien que l'on y croit à cette égalité. Nous
savons très bien que la persuasion en est
très profonde, que la croyance en est très
étendue. Si l'on n'y croyoit pas, nous per-
drions notre tems à la réfuter, et nous n'a-
vons pas dessein de le perdre.

Quand nous nous mettons en devoir de
réfuter l'égalité, ce n'est pas pour combattre
ces égalités absurdes et imaginaires qui ne
peuvent en imposer qu'aux esprits superfi.
ciels, et dont l'homme sage connoit toute la
futilité : l'égalité que nous attaquons est cette
égalité qui se trouve dans tous les livres, qui
fermente dans tous les esprits, qui a jetté de
profondes racines dans tous les coeurs; c'est
cette fameuse égalité qu'on prétend avoir per-
due, qu'on s'efforce de rétablir, à laquelle
on a formé le vaste projet de rapeller tous
les peuples de l'univers : c'est ce monstre dé.
vastateur qui a dévoré tant de richesses, egaré
tant d'individus, ravagé tant de Royaumes; c'est cette terrible égalité qui a cou-
vert l'univers de ruines, pour laquelle on a
versé tant de sang depuis le commencement
du monde; *L'égalité des droits à la formation
de l'ordre social*; conséquemment la plus
désastreuse de toutes les égalités, puisqu'en

laissant subsister les inégalités dont les gouvernemens se composent, elle les livre aux caballes, à la cupidité toujours renaissante et toujours insatiable des passions humaines, qui prétendent perpétuellement y avoir des droits égaux.... Si tout le monde ne croit pas que les peuples aient conservé le droit de se donner des gouvernemens, tout le monde croit qu'ils l'ont eu : Et c'est *ce droit primitif* que nous contestons dans cette première question : Nous attaquerons le fait dans la seconde... Que croit-on presque généralement ?

VIII. 1. On croit presque généralement que dans l'origine, il fut un tems ou les hommes étoient sans chefs, sans supérieurs, sans autorités, ayant tous des droits égaux aux fonctions de l'ordre social... *Nous prétendons que c'est une erreur.*

2. On croit presque généralement que dans l'origine, les hommes étoient sans loix sans domaines, sans propriétés, ayant tous des droits égaux aux biens et aux dignités de la terre... *Nous prétendons que c'est une fausseté.*

3. On croit presque généralement que dans l'origine, les biens et les emplois furent distribués d'après la distinction relative du mérite personnel... *Nous prétendons que c'est une absurdité.*

IX. Si ces assertions étonnent, ce n'est qu'une preuve de plus qu'on est persuadé du contraire, et qu'en rentrant dans le fond de son coeur, on y trouve, dans toute sa réalité, l'opinion que nous combattons. Eh'bien *cette égalité primitive de droits* dont on trouve l'opinion dans le fond de son coeur, non seulement nous en contestons la réalité; Mais nous mettons en fait quelle est impossible et impossible sous tous les rapports. *Impossible d'après l'ordre de la nature, impossible d'après la raison, impossible d'après l'experience, impossible dans toutes les suppositions, impossible d'après le mérite seul:* Nous soutenons que les inégalités sociales furent originairement établies par l'auteur même de la nature, que jamais elles n'ont été l'ouvrage des peuples.

Dans une erreur que nous croions si générale, nous sommes loin de nous donner pour les précepteurs et le réformateurs du genre humain. La nature est notre propre maître, nous ne serons que ses organes, et nous tâcherons de nous conformer à ses loix.. Des preuves simples, des principes clairs, des faits avérés, des témoignages non suspects, de la droiture, de la bonne foi, des raisons et non des invectives, les ménagemens et les égards sur lesquels le préjugé a le droit de compter par sa généralité même: Voila tous nos moyens. Ils suffiront pour

ceux qui cherchent franchement la vérité: Et
quel est l'homme qui ne la chercheroit pas
franchement s'il lui étoit prouvé qu'il est dans
l'erreur. *)

---

*) Existera-t-il jamais des êtres assez pervers pour vou-
loir éteindre le flambeau de la vérité parmi les hommes? Nous ne le croions pas. Si, comme on le dit,
il en est qui s'efforcent d'empêcher le progrès des
bons ouvrages: ce n'est pas parce qu'ils les regar-
dent comme dangereux: Et s'il en est, comme on
l'assure, qui favorisent la propagation des erreurs;
c'est probablement comme vérités, et non pas
comme erreurs qu'ils les favorisent.,.. Méprise
terrible et infiniment coupable sans doute: Ils
sont tenus rigoureusement de chercher la vérité
et de se détromper au plûtôt: tout cela est
très certain. Mais, il n'en est pas moins
vrai qu'ils ne commenceront à chercher la vérité que lors qu'ils croiront être dans l'erreur, et
qu'ils ne travailleront à se détromper que lors qu'ils
commenceront au moins à soupçonner qu'ils se sont
trompés. Delà la grande nécessité d'instruire et de
favoriser l'instruction sur tout sur des objets ou
l'erreur est si terrible et la vérité aussi importante.
*Les peuples eurent-ils jamais le droit de se don-
ner des gouvernemens?* Voila l'erreur de droit
que nous attaquons. *Les peuples ont-ils jamais*

§. I.

Egalité des droits impossible d'après l'or-
dre de la nature.

D'abord on croit presque généralement que, dans l'origine, il fut un tems ou les hommes étoient sans chefs, sans supérieurs, sans autorités. Nous prétendons que cela est impossible d'après l'ordre de la nature.

I. Commençons par le premier Père et par la première famille qui parut au monde. Certes, c'est bien là l'origine des choses, il est impossible de remonter plus haut. Contemplons l'homme dans cet état primitif bien antérieur à l'existence des peuples. Puisque cette famille avoit un Père qui existoit essentiellement avant elle; personne ne contestera qu'elle avoit dans ce Père *un chef, un supérieur,* un protecteur investi *d'autorité,* qui avoit le droit de la gouverner, par cela seul qu'il étoit son père. Ce premier fait est d'une telle évidence, il est si solemnellement avoué de tout l'univers, que l'exposé seul en est la démonstration; Il seroit inutile de se tourmenter à prouver ce qu'on ne conteste pas.

_____

... pu se donner des gouvernemens? Voila l'erreur
... de fait que nous combattrons après,

Donc, d'après l'ordre de la nature, dès la première génération qui parut au monde, il y avoit inégalité dans les droits. Le père etoit le chef de la famille, les enfans en étoient les membres; le père étoit supérieur, les enfans étoient inférieurs; le père avoit *autorité*, les enfans n'en avoient aucune; le père avoit droit de gouverner, les enfans ne l'avoient pas: et ce que nous disons du premier père, nous le disons du premier propagateur, ce que nous disons de la première famille qui parut au monde, nous le dirons de la première famille qui parut dans chaque pays: la nature est par tout la même; nous le disons de toutes les familles qui existent encore sous nos yeux; il n'en est pas une seule qui n'ait son chef constitué *en autorité* par son titre seul de père de famille: et tout ce qu'on pourroit conclure d'une troupe d'enfans, qui revoltés contre leur père, prétendroient lui disputer *son autorité paternelle* et lui être égaux en droits, c'est qu'ils bouleverseroient l'ordre de la nature.

II. Et qu'on ne dise pas que, dès qu'il y eut plusieurs générations dans chaque pays, le premier père perdit son autorité et les inégalités naturelles cesserent. Si, de l'aveu des adversaires, les droits naturels d'un peuple ne se perdent jamais, les droits naturels d'un père ne sont pas moins inamissibles. *Qui jamais a ouï parler d'un tel prodige*, dit l'élo-

quent *Bossuet*, dans son cinquième avertis-
sement, *qu'un Père perde son droit paternel
même par l'abus!* il fut aussi impossible que
ce premier Père perdit ses droits *d'autorité*,
qu'il lui fut impossible de cesser d'être Père.
Aussitôt qu'il eut au dessous de lui plusieurs
générations, il est évident qu'il eut au dessous de lui plusieurs Pères particuliers; et
aussitôt qu'il eut au dessous de lui plusieurs
péres particuliers, il devint essentiellement
leur Père universel. Aussitôt qu'il eut au
dessous de lui plusieurs générations, il est
évident qu'il eut au dessous de lui plusieurs
péres subalternes; et aussitôt qu'il eut au dessous de lui plusieurs péres subalternes, il devint essentiellement *leur père souverain.* Aussitôt qu'il eut au dessous de lui plusieurs pères
subalternes il est évident qu'il eut au dessous
de lui plusieurs autorités; et aussitôt qu'il
eut au dessous de lui plusieurs autorités,
son autorité devint essentiellement *souveraine*..
La voix de la nature nous crie donc hautement qu'aussitôt qu'il y eut dans chaque pays
plusieurs pères et plusieurs générations subalternes, le premier père devint *le chef, le
souverain, le législateur né* de toutes les familles subalternes, que ce fut lui qui eut le
droit de les gouverner tant qu'elles restèrent
dans le même pays: et ce que la nature nous
crie, nous est répété si constamment et avec
une telle unanimité par tous ceux qui nous

ont parlé de ces tems primitifs, qu'il seroit
difficile de nous soupçonner d'avoir mal in-
terprété son langage. Voilà dans quels termes s'expriment tous ces auteurs:

 III. „ Dans ces premiers tems, dit *Mr.*
„ *Rollin* au commencement de son histoire
„ ancienne, chaque l'Père étoit *le chef souve-*
„ *rain* de sa famille, l'arbitre et le juge des
„ différens, *le législateur né* de la petite so-
„ ciété qui lui étoit soumise... A mesure que
„ chaque famille croissoit par la naissance
„ des enfans et la multiplicité des alliances,
„ leur petit domaine s'étendoit, et elles vin-
„ rent peu a peu à former des bourgs et des
„ villes. Ces sociétés étant devenues fort
„ nombreuses par la succession des tems, les
„ familles se partagérent en diverses bran-
„ ches qui avoient chacune leurs chefs. "
Voilà certes, *un souverain* long temps avant
l'existence des peuples. *)

------

*) Si les *inégalités sociales* existoient long tems avant
 la multiplication des peuples, il est évident que ce
 ne sont pas le peuples qui les ont créées. Or la
 raison, l'histoire, le bon sens, tous les bons auteurs attestent hautement que toutes ces inégalités
 existoient dans le père primitif, dès la 1ere occupation de chaque pays, long tems avant le l'existence des peuples. Ils attestent tous que jamais les
 hommes ne furent *sans chefs, sans autorités,*

IV. „ A cette époque, dit le célébre
„ *Pope*, chaque père de famille couronné par
„ la nature devenoit *roi*, *prêtre et père* de
„ son état naissant: ses sujets mettoient en
„ lui tout leur espoir comme en une seconde
„ providence, son regard, étoit leur loi, sa
„ langue leur oracle. "

Platon, dans sa république, dit expres-
sément que dans l'origine ce furent les pères
qui gouvernérent souverainement leur famille
et qui devinrent insensiblement des Rois: *Ex
patribus familias paulatim facti reges.* Aristote dans sa politique le dit encore plus ex-
pressément que Platon.

Le savant Grotius dans son commentaire
sur le 4e commandement, dit en termes ex-
près, que les hommes sont enchaînés les uns
au dessous des autres, les enfans au dessous
des pères, les pères au dessous des ayeux,
et que c'est de cette subordination admirable
établie par la nature elle même que l'ordre
social naquit des les premiers tems.

---

sans gouvernemens. Ils attestent tous que cet
état primitif d'égalité et d'indépendance sur lequel
tout est bâti, est une chimère aussi absurde qu'impossible. *Si le genre humain eût été plongé
d'abord dans l'anarchie,* dit un auteur moderne,
il seroit aisé de prouver qu'il y seroit encore.

Le second restaurateur du droit de nature, Pufendorf s'explique encore plus clairement que *Grotius*, lorsqu'il affirme que dans l'état primitif, les pères, en leur qualité de chefs, exerçoient un empire semblable à l'empire royal, *imperio regio analogum*, non seulement sur une famille, mais sur les familles qu'ils avoient engendrées *quatenus sunt capita familiarum suarum*. Empire plus ancien que l'état civil; empire qui n'attendit pas la formation des peuples, mais qui précéda de beaucoup; empire qui ne se forma pas des inégalités civiles, mais dont au contraire les inégalités civiles se formerent, puisque les péres l'apporterent avec eux dans les cités. Quoi de plus fort ! .. *Circa potestatem quam quis in alium obtinet sciendum est, partem istius inaequalitatis provenire a statu patrum familias antegresso, in quo isti potestatem in uxores, liberos ac servos quaesitam simul in civitates intulerunt, sic ut isthaec inaequalitas haud quicquam a civitatibus originem duxerit, sed istis sit antiquior. Adeoque illa patribus familias non data sit a civitatibus sed relicta.* (V. Pufendorf de jure naturae lib. 3. cap. 2. et lib. 6. cap. 2.)

Le *Démosthenes Chretien*, selon la belle expression de Mr. Bossuet, *le grand Chrisostôme*, dans son homel. Sur le 13e chap. de l'épitre aux Romains, prétend: ,, Que l'au- ,, teur de la nature a établi de la subordina-

„ tion parmi les hommes comme il en a éta-
„ bli dans le corps huinnin, dont les mem-
„ bres dejà subordonnés entr'eux sont tous
„ subordonnés à un seul chef. Daus cette
„ hiérarchie naturelle, dit un autre auteur
„ traitant le même sujet, la tête est le sou-
„ verain, les membres sont les différens or-
„ dres de l'état... La tête et les membres sont
„ faits les uns pour les autres, mais non pas
„ les uns par les autres (*véritables intérêts*
„ *de la monarchie prussienne.*)

Quel fut le premier Roi, dit *l'abbé Du-*
vy? Ce fut le premier père de famille. Quel
fut le premier souverain, dit *le père Berthier*
dans les observations sur le contr. social?..
Ce fut le premier père.

Nous nous garderons bien de citer ici
tous les auteurs qui placent l'origine de l'autorité suuveraine dans le père primitif de
chaque pays, long tems avant l'existence des
peuples. Les bornes de cet ouvrage ne suf-
firoient pas à de si nombreuses citations, et
nous aurons occasion de les reproduire dans
la suite avec plus d'étendue. A des témoignages aussi imposans nous n'ajoûterons plus
que celui des deux hommes les plus célébres
de leur siècle par leurs vastes connoissances
et par leurs sublimes instructions sur les gouvernemens. *Mr. Bossuet et Mr. de Fénélon.*

V. Quand le premier dans la politique
sacrée liv. 2. établit comme une proposition

indubitable *que le 1er Empire parmi les hommes est l'Empire paternel,* qu'entrant en preuve et nous montrant *un grand nombre de familles réunies sous l'autorité d'un seul grand
père,* il ajoûte, *que cette union de tant de familles avoit déjà quelqu'image de royaume,* il
établit bien clairement que c'est par le père
primitif de chaque pays qu'ont commencé
tous les gouvernemens, et ce père existoit
long tems avant les peuples.

 Les principes de l'immortel *Fénélon* sur
l'origine de l'ordre social furent exactement
les mêmes que ceux du grand *Bossuet,* puisqu'au rapport du dépositaire intime de ses
sentimens, *le chevalier de Ramsay,* après avoir
affirmé dans les mêmes termes: que dans l'o-
rigine, *un grand nombre de familles vivoient
ensemble sous l'autorité d'un seul grand père,*
il enseignoit que, même après leur séparation „ chaque pére de famille se saisissant
„ d'une portion de terre encore inhabitée,
„ la distribuoit entre ses enfans, et que ces
„ enfans s'emparant de nouvelles possessions,
„ à proportion qu'ils multiplioient en nombre,
„ *la famille d'un seul homme* devenoit bien-
„ tôt *un peuple gouverné par celui que nous
„ supposons avoir été le pére de tous.*

 Mr. de Buffon dan son chapitre *sur l'é-
tat de pure nature,* en parle dans le même
sens et dans les mêmes termes que Mr. Fénélon (*V. génie de Buffon.*)

Quand tous ces grands hommes s'accordent à dire: Que c'est là *la première origine du gouvernement et de l'autorité*, quand ils ajoûtent unanimement, que c'est pour cela qu'au commencement on appelloit les Rois *Péres* dans presque toutes les langues, ils n'ont pas besoin de commentaire, il est visible qu'ils ont placé l'origine des gouvernemens dans le premier pére et le premier propagateur de chaque pays, conséquemment long tems avant la possibilité des peuples.

Mais ce qui complette la démonstration, c'est que dans l'encyclopédie, art. *Pouvoir paternel* et *gouvernement*, les partisans les plus décidés de l'égalité déposent formellement, que dans les premiers temps, le pére primitif de chaque pays fut incontestablement *le prince, le souverain, le monarque politique* de sa famille; d'où il est impossible de ne pas conclure que, de l'aveu des adversaires eux mêmes, la souveraineté existoit avant les peuples.

VI. Que ces hommes célèbres aient, longtems après, fait intervenir les peuples dans la formation des grands corps civils, quand toutes ces petites sociétés prirent enfin le parti de se réunir ensemble, cette seconde formation ne fait rien du tout à la question actuelle. Il n'est pas question ici de savoir si les hommes sont devenus inégaux après la formation des grands empires, il

Tome I. D

est question de savoir s'ils l'étoient aupara.
vant. Il n'est pas question de savoir s'ils
ont eu des supérieurs dans l'etat civil, il est
question de savoir s'ils en avoient dans l'é.
tat primitif. C'est bien dans cet état que les
partisans des conventions placent *l'égalité
des droits*, et c'est bien dans cet état que
tous ces auteurs donnent déjà des chefs à
toutes les sociétés naissantes. *)

Si, pour atténuer la force irrésistible
de ces citations, on vouloit prétendre qu'on
n'y parle que d'un père particulier: l'objection seroit trop grossière, puisqu'on y parle
de bourgades, de sociétés, *d'un grand nombre de familles*, et conséquemment d'un grand

---

*) Quand les peuples furent multipliés et divisés en
plusieurs branches, tous ces auteurs disent qu'ils
se donnerent différens gouvernemens : *monarchiques*, *aristocratiques etc.* Et c'est alors que
les adversaires prétendent qu'ils sont pour eux.
C'est ce qu'il faudra voir. Si par le mot *peuple*
ces auteurs entendent des individus égaux, sans
pères, sans mères, sans autorités, sans inégalités, ils seront pour les adversaires. Si au contraire ils prennent *le peuple* tel qu'il est naturellement avec ses pères, ses mères, ses autorités et
ses inégalités, ils seront pour nous : et nous dé-
clarons davance qu'ils le prendront partout de
cette manière.

nombre de pères subalternes, vivans tous ensemble *sous l'autorité d'un seul grand père*, et ayant déjà, selon l'expression de *Mr. Bossuet*, *quelqu'image de royaume.*

Envain alléguéroit on qu'on n'attribue à ce grand père *aucune autorité* sur les pères subalternes. C'est une fausseté palpable, puisqu'on lui donne *la législation*, *la souveraineté* et la jurisdiction universelle sur la petite société qui lui est soumise.

VII. Envain objecteroit-on que ce n'est là que l'opinion particulière de quelques auteurs. On répondrait que ces auteurs sont parfaitement d'accord. On répondroit que d'après leur narration, on voit à merveille qu'ils ne prétendent pas émettre une simple opinion, mais expliquer la nature; qu'ils ne donnent pas *cet empire paternel* comme un de ces événemens douteux sur le quel il soit libre à chacun d'avoir son avis, mais comme un fait indubitable, solemnellement reconnu de tout l'univers. Ils n'exposent pas l'état primitif d'un seul peuple; ils parlent *de tous les peuples qui couvrent la face de la terre:* ce sont leurs propres expressions: ils ne développent pas seulement la formation originaire des peuples anciens, ils expliquent la formation nécessaire de ceux qui sont encore sous nos yeux, parce que la nature est partout la même dans tous les tems et dans tous les pays. *Rien de plus*

D 2

conforme, dit „ *Mr. de Fénélon* que cette
„ idée à ce que nous voions chaque jour
„ dans tous les pays du monde, où les dif-
„ férentes familles ou tribus font remonter
„ leur origine *jusqu'à un père commun.* " *)

    VIII. Voilà ce qu'ont dit, voilà ce qu'ont
pensé tous les bons auteurs, ou plutôt voilà
ce que l'univers entier dépose sur l'inégalité
des hommes dans l'etat primitif: et quand
l'univers entier ne le déposeroit pas, il suffiroit d'avoir des yeux pour voir clairement
que dans la constitution essentielle de l'ordre social, l'auteur de la nature n'a pas arrangé les hommes sur une ligne parallèle,
mais sur une ligne ascendante et descendan-
te. Il n'a pas voulu qu'ils naquissent au même instant comme les compagnons *de Cadmus,* dit judicieusement *Mr. de Fénélon,* il
a voulu qu'ils naquissent successivement les
uns des autres: et dès que les hommes nais-

---

*) V. *Bossuet* polit. sacrée, liv. 2. prop. 3. et principes *de Fénelon* chap. 7. n'aiant pu me procurer
les ouvrages de *Mr. de Ramsay* sur Fénelon, je
me suis servi de l'extrait intitulé *principes de Fe-
nelon sur la souveraineté.* Dans l'Amérique, dit
M. Robertson, les sauvages respectent peu leurs
pères; mais ils n'en ont pas moins des pères, ils
vivent en familles, forment des villages et des tribus. hist. d'am. tom. 2. p. 385.

sent successivement les uns des autres, les
pères descendent les uns des autres, les au·
torités descendent les unes des autres, les
chefs de famille descendent les uns des au·
tres : et dès que les chefs descendent les uns
des autres, ils se trouvent essentiellement
subordonnés : à la tête de tous ces chefs se
trouve essentiellement le chef souverain,
qui, comme le disent tous ces auteurs, fut essentiellement *le législateur né* de toutes les
familles subalternes long tems avant l'exis·
tence des peuples.

IX. Il est donc prouvé, ou rien ne se·
ra jamais, que dès l'origine, longtems avant
l'existence des peuples, dans ce qu'on ap·
pelle *l'etat de pure nature*, les hommes a-
voient déjà *des chefs et des supérieurs* constitués *en autorité* par l'ordre seul de la géné·
ration et de la naissance. Il est prouvé que
dans cet etat il y eut une autre distinction
que celle du mérite personnel, *ce fut la distinction des autorités.* Il est prouvé que,
dès la première génération, il y eut essen·
tiellement un père qui avoit autorité sur ses
enfans en vertu de sa paternité elle seule.
Il est prouvé qu'aussitôt que ce père primi·
tif eut au·dessous de lui plusieurs pères sub·
alternes, il devint essentiellement leur père
souverain et *son autorité* devint essentiellement souveraine. Il est donc prouvé que,
dès l'origine, d'après l'institution seule de

la nature, constatée par la déposition unanime des meilleurs auteurs, il y eut partout,
longtems avant les peuples, *des autorités et
des souverainetés* : et tout ce qu'on pourroit
conclure d'un rassemblement postérieur, qui,
sans avoir égard aux droits d'autorité de son
chef universel, se fut donné un autre souverain que celui qu'il avoit reçu du souverain
de l'univers, c'est qu'il auroit bouleversé
l'ordre de la nature.

X. Le second fait qu'on allégue en faveur de l'égalité des droits, c'est que, dans
l'origine il n'y avoit point encore *de propriétés*, que les biens étoient communs entre les
hommes . . .

Ce second fait nous paroît encore hautement démenti par l'ordre de la nature ; et
l'auteur trop célèbre qui s'est indigné contre
celui qui s'écria le premier ; *ceci est à moi* ;
s'est évidemment indigné contre le premier
père et le premier propagateur de chaque
pays. Dès que les hommes descendent les
uns des autres par voïe de génération, il est
incontestable que le premier propagateur de
chaque pays existoit avant ses enfans ; qu'il
avoit un corps, des bras, des facultés avant
que ses enfans pussent en avoir ; que ce
qu'il produisoit avec son corps, ce qu'il gagnoit avec ses bras étoit à lui ; conséquemment qu'il pouvoit dire ; *ceci est à moi*,
avant que ses enfans existassent eux mê.

mes. Et si le premier propagateur pouvoit dire, *ceci est à moi* avant l'existence de ses enfans, la première génération pouvoit dire, *ceci est à moi* avant l'existence de la seconde; la seconde génération pouvoit dire, *ceci est à moi* avant l'existence de la troisième; ainsi des autres. Avant la possibilité même des peuples, il est aussi clair que le soleil, qu'il y avoit des propriétés naturelles, sans quoi les propriétés civiles n'existeroient pas.

XI. Où a-t-on donc pris que dans l'origine il n'y eut point de propriétés? où a-t-on pris que dans l'origine tous les biens étoient communs? ... c'est ce que je ne sais pas. Ce qu'il y a de bien certain c'est que cette opinion quelqu'accréditée qu'elle soit, est évidemment fausse. On sait très bien que tant qu'il y eut peu d'habitans dans un pays, il y resta de vastes communes, de vastes forêts, de vastes déserts ou chacun put chasser, pêcher, faire paître ses bestiaux: il en reste encore dans bien des pays. Mais ces communes, quelques vastes qu'elles soient, n'empêchent pas les propriétés particulières. „ Il n'est point de sauvage, quelque féroce „ qu'il soit, dit M. *de Volney*, dans ses „ éclaircissemens sur les sauvages, qui ne „ possède exclusivement ses armes, ses vê- „ temens, ses meubles, ses bijoux. Ceux „ qui ont bâti des cabanes ou des maisons

„ sont propriétaires de leurs maisons. Ceux
„ qui ont cultivé un jardin sont propriétai-
„ res de ce jardin; et comme ce genre de
„ propriété dérive évidemment *de la proprié-*
„ *té que chaque homme a de son corps et de*
„ *sa personne*, cette propriété est naturelle
„ et sacrée chez eux. " „ L'idée des na-
„ turels du brésil touchant la propriété, dit
„ *le chevalier de Pinto*, est, que si quelqu'un
„ a cultivé un champ, lui seul doit jouir
„ du produit, sans qu'un autre puisse y
„ prétendre. Tout ce qu'un individu ou une
„ famille prend à la chasse ou à la pêche
„ appartient de droit à cet individu ou à cet-
„ te famille, sans qu'on soit obligé d'en
„ faire part à qui que ce soit, excepté au
„ cacique pour l'impôt public. " „ Ce qui
„ couta le plus aux jésuites à faire goûter
„ aux Indiens du Paraguay fut la jouissance
„ commune des biens qu'ils introduisirent
„ dans leurs missions et qui étoit contraire
„ aux idées antérieures de ces Indiens. Ils
„ connoissoient les droits d'une propriété
„ privée et exclusive et ne se soumirent qu'a-
„ vec répugnance à des lois qui y étoient
„ opposées (Robertson tom. 2. p. 532.) Chez
„ les sauvages les plus feroces, selon *M.*
„ *de Volney*, non seulement il y a des pro-
„ priétés, mais l'héritage de ces propriétés
„ est fixé par l'usage. Chez les uns ce sont

„ les parens qui en héritent; chez les au-
„ tres c'est la tribu qui les tire au sort. "

Quand on lit dans les relations et dans
différens ouvrages: *qu'il est des pays où il
n'y a point de propriétés*, qu'est-ce donc que
cela signifie? .. cela veut dire tout simplement, qu'il est des pays où il n'y a point
encore *de culture*, des pays où l'on ne vit
que de chasse, de pêche et de différens fruits
sauvages. Mais dans les pays même où il
n'y a encore aucune espèce de culture, ce
qui est infiniment rare, chaque sauvage,
comme le dit *M. de Volney* est le propriétaire exclusif de ses meubles, de ses bijoux,
de sa maison et de ses bestiaux, s'il en a,
de sa chasse, de sa pêche, enfin du produit
quelconque de son travail, de sorte qu'en
dernière analyse, dans quelque pays que
ce soit, dès qu'on y suppose des hommes,
il y a essentiellement *des propriétés*. Mais
partout où il y a des propriétés, il y a essentiellement des inégalités. Tous les hommes n'ont pas des droits égaux aux biens
de la terre. Cette égalité est physiquement
et radicalement impossible d'après l'inspection seule de la nature.

XII. „ On a cru voir l'égalité dans ce qu'on
„ a nommé *l'état de pure nature*, dit l'auteur
„ d'un ouvrage fortement pensé: la première
„ contradiction qui se trouve dans cet en-
„ semble, c'est que *la loi de la propriété*

„ cette loi fondamentale des sociétés qui est
„ la raison primitive de tout, se trouve neces-
„ sairement exclusive de l'égalité. Cette éga-
„ lité chimérique est d'une impossibilité phi-
„ sique dans quelqu' état que nous supposions
„ les hommes..... Avant l'institution des so-
„ ciétés conventionnelles *les hommes avoient*
„ *des droits qui dans le fait etoient inégaux*" *)

XIII. Pour contester cette vérité, il faudroit se décider à nier l'évidence. En effet,
lorsqu'on entend J. J. Rousseau s'emporter
avec tant de violence contre celui qui s'écria
le premier: *ceci est à moi*; n'a-t-on pas droit
de lui demander avec la même colère: à qui
appartenoit donc le champ du premier homme, quand il étoit encore seul? à qui appar-
tenoient sa moisson, sa pêche, son travail
les bestiaux qu'il avoit élevés?..à qui? étoit-
ce à ses descendans qui néxistoient pas encore? ...

XIV. Il est donc hors de tout doute et
de toute contestation que, dès l'origine, avant

---

*) *Ordre naturel et essentiel des sociétés chap.* 16.
(Ces citations se trouveront dans toute leur étendue à la fin de chaque question au dernier principe). *Falsum est extrà civitates non esse*
proprietatem rerum. Ante civitates institu-
tas dominium rerum non fuisse gratis nega-
tur: dit Pufend. (lib. 8, cap. 1.)

la possibilité même des peuples, dans ce qu'
on a appellé *l'état de pure nature*, en quelque pays que ce soit, il y avoit *des proprié-*
tés, et que les hommes n'avoient point du tout
des droits égaux aux biens, aux honneurs et
aux dignités de la terre. Il est hors de tout doute et de toute contestation que, des l'état de
pure nature, avant la possibilité même des
peuples, dans quelque pays que ce soit, le
premier Propagateur avoit *des droits* qui
étoient à lui, *une autorité* qni étoit à lui, des
propriété qui étoient à lui: ce n'etoit point à
ses descendans qui n'existoient point encore.
Il est hors des tout doute et de toute contestation, que dans l'état de pure nature,
avant la possibilité même des peuples, il y
avoit d'autres distinctions que celle du mérite
personnel ; et tout ce qu'on pourroit conclure
d'un rassemblement postérieur, qui, sans
avoir égard aux droits de son chef universel,
l'eût-dépoüillé de ses droits *d'autorité et de*
propriété pour les remettre en commun et les
partager entre tous ses descendans, c'est qu'il
auroit bouleversé l'ordre de la nature.

XV. Le troisième fait que l'on déduit
de l'égalité des droits, c'est que, dans l'origine, tout dut se distribuer au concours
d'après la distinction seule du mérite person-
nel : et pour peu qu'on veuille ouvrir les yeux
sur la marche de la nature, ce troisième fait
n'est pas moins absurde que les deux autres.

Si, dans chaque pays le premier Propagateur eut *des Propriétés* avant ses enfans, ce
ne fut point parce qu'il étoit doüé d'un mérite supérieur, ce fut parce qu'il existoit avant
eux. Si ce premier Propagateur eut autorité
paternelle sur les Enfans, ce ne fut point
parce qu'il étoit doüé d'une mérite supérieur
ce fut parce qu'il étoit leur Pere. Si ce premier Propagateur devint *le père souverain* de
tous les pères subalternes, ce ne fut point
par ce qu'il étoit doüé d'un mérite supérieur,
ce fut parce qu'il étoit leur père universel.
L'arrangement primitif de l'ordre social ne se
fit point du tout au concours, d'après la considération respective du mérite personnel,
puisqu'il étoit réglé par le créateur lui même
avant qu'il put y avoir aucun concours. Quand
le premier Propagateur d'un pays quelconque eût eu infiniment moins de mérite, infiniment moins de capacité que chacun de ses
descendans, cela n'empêcheroit pas que, par
la primauté seule d'existence, il n'eût eu *des
droits de Propriété d'autorité et de souveraineté*, l'ong tems avant eux : et tout ce qu'on
pourroit conclure d'un rassemblement postérieur, qui, sans avoir égard à la primauté
de ce chef universel, eût voulu le dépoüiller
*des ses droits d'autorité, de propriété et de
souveraineté* pour les remettre par concours
au plus spirituel et au plus méritant de ses

descendans; c'est qu'il auroit bouleversé l'ordre de la nature *).

---

*) Où a-t-on pu puiser cette croyance si générale, *d'un état primitif d'anarchie, d'égalité et d'indépendance?* c'est ce qui ne se conçoit pas. Raison, bon sens, historiens, géographes, voyageurs, auteurs sensés; tout repousse et pulvérise cette opinion : jamais personne n'a pu ni la prouver ni l'appuier d'un seul fait. Jamais qui que ce soit n'a pu ni trouver ni citer un seul pays ou les hommes fussent sans chefs, sans autorités, sans propriétés. *Cet état d'égalité sociale ou d'égalité des droits* est la plus insigne de toutes les folies, elle est physiquement et radicalement impossible d'après l'inspection seule de la nature. Comment donc est-elle devenue le comble de la sagesse, le triomphe des lumières? comment a-t-on pu écrire, enseigner, faire des livres de droit, conjurer, se liguer, s'associer, marcher à la dévastation immanquable de l'univers d'après des idées aussi mal conçues et des principes aussi faux? mais si tous ces principes sont faux; que devient le système de l'égalité? que deviennet tous les ouvrages qui le supposent? que devient l'encyclopédie elle même dans les articles : *égalité, état de natura, état primitif* &c.

XVI. Maintenant reprenons ces faits bien clairs.

Ce n'est point d'après les institutions humaines, c'est d'après la loi de la nature elle-même que les hommes se multiplient par voie de génération, qu'ils multiplient leurs biens par voie du travail, qu'ils multiplient leurs travaux par leur industrie et leurs talens. Donc *la distinction de la naissance* n'est point une distinction d'institution ; elle tire son origine de la loi de la nature. Donc *la distinction des fortunes* n'est point une distinction d'institution ; elle tire son origine de la loi de la nature. Donc *la distinction des autorités* n'est point une distinction d'institution ; elle tire son origine de la loi de la nature. Donc *l'autorité souveraine* n'est point une distinction d'institution ; elle tire son origine de la loi de la nature. Donc *la propriété* n'est point une distinction d'institution ; elle tire son origine de la loi de la nature. Donc toutes ces distinctions ne sont pas des distinctions d'institution ; elles tirent leur origine de la loi de la nature. Donc *la société* n'est point un arrangement d'institution ; elle tire son origine de la loi de la nature. Avant toutes les institutios humaines, c'étoit un petit corps qui avoit dejà sa tête, ses pieds et ses bras, qui a reçu toutes ses parties constitutives des mains même de la nature et qui les a portées nécessairement dans les constitutions humai-

nes. Donc les Inégalités Sociales existoient
long tems avant les Peuples. Donc elles ne
sont point l'ouvrage des Peuples. Donc etc.
Car les conséquences sont inépuisables...

XVII. C'est donc d'après l'aveuglement
le plus pitoyable et la plus inconsidérée de
toutes les jactances que l'on est venu dire à
l'univers ; qu'en vertu des décrets humains,
on anéantissoit toutes les distinctions, qu'on
ne reconnoissoit plus d'autre distinction que
celle du mérite personnel... Quand on décréteroit pendant vingt ans, il est une loi indépendante de tous les décrets humains, qui sera toujours la règle de toutes les lois et qu'il
est impossible d'anéantir ; c'est celle de la
nature. Quand on décréteroit pendant vingt
ans l'anéantissement de toutes les distinctions,
Il est des distinctions indépendantes de tous
les décrets humains, qu'il leur sera toujours
impossible d'anéantir ; ce sont celles qui sont
établies par la loi de la nature. L'homme ne
pourra jamais détruire que ce qui est de son
institution, et ces distinctions n'en sont pas.
Quand tout l'univers ensemble s'accorderoit
à ne vouloir plus reconnoître d'autre distinction que celle du mérite personnel, quelque
chose que l'on fasse, il faut malgré soi reconnoître ce qui est : et outre la distinction du
mérite personnel, avant même la distinction
du mérite personnel, il existe entr·autres,
deux distinctions frappantes et indestructibles,

antérieures à tous nos décrets : ce sont celles de la fortune et de la naissance, des autorités et des propriétes *).

XVIII. Il y a plus : c'est que dans chacune de ces distinctions, tous les hommes sont essentiellement inégaux sous tous les rapports. De l'inégalité naturelle des dispositions, dont **) vous convenez, naît essentiellement l'inégalité des travaux. De l'inégalité des travaux, naît essentiellement l'inégalité des propriétés. De l'inégalité des propriétés naît essentiellement l'inégalité des fortunes. De l'inégalité du temps de la naissance naît essentiellement l'inégalité des familles ; De l'inégalité des familles naît essentiellement l'inégalité des chefs ; De l'inégalité des chefs naît essentiellement la subordination des autorités.

---

*) Le hasard qui fait naître tel ou tel individu dans telle ou telle classe de la société n'a créé ni la royauté, ni la noblesse, ni aucune des inégalités sociales. (*Considérations sur la révolution sociale.*) La différence de rang, d'origine et de conditions entraînent des distinctions dans la nature des lois, *dit Montesquieu*, (*esprit des lois Liv.* 6.) or ces distinctions d'origine sont des distinctions naturelles.

**) L'inégalité des conditions a sa source dans l'inégalité des facultés et des pouvoirs phisiques. (*Ordre naturel* I. Vol. *Principes de Fénélon ch.* 4.)

De la subordination des autorités naît essentiellement l'éxistence d'une autorité souveraine. Il est imposible de toute impossibilité
que l'inégalité des chefs de famille ne suppose
pas un chef souverain, et que l'inégalité des
autorités ne suppose pas *une autorité souveraine*. Et qui-est-ce qui a établi ces inégalités dans chacune de nos distinctions? C'est
une volonté supérieure à la nôtre, que les
décrets humains ne changeront jamais.

On sait bien qu'avant que de naître nous
sommes tous indifférens aux biens, à l'autorité et à la souveraineté. Mais en vertu d'une
volonté supérieure à la nôtre et que les décrets humains ne changeront jamais, du moment que nous naissons, nous naissons subordonnés à un chef souverain. Quand nous sommes nés, ou nous avons des descendans, ou
nous n'en avons pas ; ou nous travaillons ou
nous ne travaillons pas, ou nous avons autorité sur d'autres ou nous n'en avons pas
de là naissent autant de distinctions, d'inégalités et de droits personnels qui sont antérieurs
à toutes les institutions humaines.

§. II.

Egalité des droits impossible d'après la raison.

I. Comment donc a-t-on entendu, et comment des hommes réfléchis ont-ils pu se mettre dans la tête qu'il fut un temps ou l'on n'avoit point encore de supérieurs, un temps où il n'y avoit point encore *d'autorités*, un temps où il n'y avoit point encore *de propriétés*, *un temps où l'on n'avoit point encore la moindre idée du tien et du mien, du vice et de la vertu, du juste et de l'injuste*, un temps où les hommes étoient parfaitement égaux en droits, sans autres distinctions que celles du mérite personnel? dans quelle époque exista-t-il ce temps? c'étoit donc avant la nature, par conséquent avant qu'il y eût des hommes. *)

II. sur quel fondement a-t-on pu se mettre si universellement dans la tête: que nous sommes tous égaux en droits? *est- ce parce que nous sommes tous égaux aux yeux de la loi?* mais, qu'entend-on par cet adage? Qu'est que cela veut dire? cela veut dire tout sim-

*) Discours sur l'origine de l'inégalité par *J. J. Rousseau.* Edit. de Neuchâtel p. 41.

plément *que la loi nous doit protection à tous :*
mais parce que la loi nous doit protection à
tous, s'ensuit-il de là que nous soyons tous
souverains, tous égaux en autorité, tous également laborieux, tous également riches, tous
également puissans? y a-t-il eu jamais pareil
délire ?

*Parce que la loi nous doit protection à
tous*, s'ensuit-il de là que les distinctions de
la fortune et de la naissance, que les inégalités naturelles des autorités et des propriétés ne sont pas de l'institution même de la
nature ?

*C'est précisément parceque la loi nous
doit protection à tous* qu'il faut que nous trouvi-
ons tons en naissant des chefs qui nous pro-
tègent, des autorités constituées par la nature elle-même qui veillent à l'observation de
ses lois. La protection des lois suppose la
préexistence des autorités. *C'est précisément
parceque la loi nous doit protection à tous*
qu'elle doit conserver à chacun les droits personnels; qu'une loi qui anéantit toutes les distinctions et toutes les inégalités établies par
sa nature n'est plus une loi; c'est le contre-
pied de la nature et le renversement de toutes les lois.

III. Sur quel fondement donc a-t-on pu
se mettre dans la tête, que nous sommes tous

égaux en droits *) *est-ce parce que nous, sommes tous pêtris du même limon et, que nous avons tous la même destinée?* Mais parce que nous sommes tous pêtris du même limon et que nous avons tous la même destinée, s'ensuit-il de là que nous soyons tous souverains?

IV. *Nous sommes tous pêtris du même limon et nous avons tous la même destinée!* mais tous les minéraux sont aussi pêtris du même limon. Les pierres d'une même carrière sont toutes tirées du même endroit, composées des

---

*) Le raisonnement de M. d. Montesquieu : que, *s'il y a inégalité entre le père et les enfans, il y a égalité entre les freres et les cousins,* est un pur sophisme. Car chacun dans leur ligne ascendante, tous les freres et tous les cousins ont des pères et des ayeux avec les quels ils sont inégaux et par lesquels ils descendent tous *d'un père commun:* ainsi, de deux choses l'une : ou ces freres et ces cousins restent dans le pays , ou ils n'y restent pas : s'ils restent dans le pays, ils sont tous subordonnés *au père commun* et à ses successeurs; s'ils vont dans un autre pays encore inhabité, ils y deviennent eux mêmes peres et souverains de leur postérité : ainsi, quoi qu'égaux entre eux, l'inégalité dans leur ligne ascendante subsiste toujours, et ils ont toujours des peres, des chefs ou des sujets dans toutes les supposésions.

mêmes élémens et toutes destinées à la con-
struction. Cependant les unes sont grandes,
les autres petites, les unes sont placées à la
corniche, les autres jettées dans les fondemens; dès avant leur extraction elles étoient
rangées les unes au-dessus des autres et elles
le sont encore après. *)

    *Nous sommes tous pêtris du même limon
et nous avons tous la même destinée!* . . mais
tous les végétaux et les animaux sont aussi
pêtris du même limon; ils sont tous destinés
à mourir. A cause de cela sont-ils égaux en
droits avec l'homme? naissent-ils tous égaux
en droits entr-eux? sont-ils destinés aux mêmes
emplois?

    V. *Nous sommes pêtris du même limon
et nous avons tous la même destinée!* . . mais
tous les membres du corps sont aussi pêtris
du même limon : ils ont tous la même destinée ... sont-ils pour cela égaux en naissant?
ont-ils tous droit au même rang et aux mê-

---

*) Quoique les hommes soient tous d'une même espéce,
    capables du même bonheur &c. c'est se tromper
    beaucoup que de croire cette égalité incompatible
    avec la subordination .... Leur être est de même
    espéce; mais leur manière d'être est différente et
    ces différences sont le fondement *d'une supériorité*
    antécédente à tout contrat. (*Principes de Féne-*
    lon chap. 4.

mes fonctions ?.... que penseriez-vous d'un
homme qui diroit aux pieds: n'est-il pas affreux que vous soyez seuls dans la poussière
et dans la boue, chargés de porter sans cesse
tout le poids du corps ? n'êtes-vous pas pêtris
du même limon que la tête et les bras ? qui,
en conséquence de ce beau raisonnement,
après avoir fait un mélange monstrueux de
tous les membres du corps humain, les donneroit à tirer au scrutin à un tas de paysans,
qui les changeant de place, tous les deux ans,
mettroient des oreilles à la place des yeux,
des pieds à la place des mains, en criant
après leurs élections: *Vive l'égalité et la Liberté?* Voilà pourtant l'emblême trop fidelle
de ce que l'on a fait faire au peuple et le langage ridicule qu'on lui a fait tenir.

VI. Parce que tous les membres du corps
sont pêtris du même limon, cela empêche-t-il
que de ce même limon différemment pêtri la
nature n'ait fait une tête, des pieds et des
bras qui ne sont point du tout destinés aux
mêmes emplois ? parce que nous sommes tous
pêtris du même limon, cela empeche-t-il que
dans le corps social l'un ne soit souverain,
l'autre sujet ? de la même masse de matière,
ne peut-on pas faire des ouvrages très-diver-
semens constitués. Ce qu'il y a de commun
entre tous, empêche-t-il que les formes et les
rangs ne varient ? le même limon n'est-il pas
susceptible d'une infinité d'arrangemens et de

combinaisons? les mêmes récompenses ne
sont-elles pas susceptibles d'une infinité de
degrés, et les mêmes individus ne sont-ils pas
susceptibles d'une infinité de différences ?

VII. C'est précisément parce que nous
avons tous la même nature, la même origine
et la même destinée, qu'il faut nécessairement
en conclure que les hommes d'autrefois avoient
exactement les mêmes différences et les mêmes inégalités essentielles que ceux d'aujourd'hui; qu'ils naissoient tous dans un rang,
dans une fortune, avec des dispositions spirituelles et corporelles qui leur donnoient à
tous des droits différens comme à ceux d'aujourd'hui, que dès l'origine, ils trouvoient,
en venant au monde *des chefs et des supérieurs*,
qui sans eux et malgré eux, étoient constitués sur eux en autorité comme ceux d'aujourd'hui; que conséquemment, dès l'origine
du monde, les sujets n'étoient point souverains et les hommes n'avoient point un droit
égal aux biens et à la souveraineté.

Voilà donc, dès le premier pas, l'égalité
primitive et tous les systèmes que l'on a bâ-
tis dessus, renversés de fond en comble et dé-
truits radicalement par des faits bien simples
auxquels on ne sauroit opposer un raisonnement qui puisse même avoir le mérite de la
vraisemblance.

VIII. Je n'ignore pas que, dans ces derniers temps, on a poussé le délire jusqu'au

point non-seulement de croire, non-seulement
d'enseigner, mais jusqu'au point de jurer:
que les hommes étoient égaux en droits. Je
sais qu'il s'est trouvé des hommes assez peu
éclairés sur cet article, ou plutôt assez peu
réfléchis pour se prêter à de pareils sermens;
mais je sais aussi que ces sermens sont des
parjures démentis essentiellement par l'évidence, et que les hommes attentifs ne se sont
jamais permis et ne se permettront jamais.

Quoi! dans le commencement du monde,
comme à présent, ce est égal: avant que
les autres fussent nés ou pendant qu'ils se
chauffoient au soleil, j'ai cultivé un coin de
terre, j'ai amassé des biens et des revenus
considérables que j'ai gagnés à la sueur de
mon front et défendus au péril de mes jours;
ces biens me sont *propres*, ce sont visible-
mens *mes propretés.* J'en suis parfaitement
le maître. Il est visible qu'il sont aussi essentiellement à moi que les bras, les mains
ou le talent avec lesquels je les ai gagnés;
et vous exigez que tout le monde jure qu'originairement ces biens ne me sont point personnels! Par mon travail et mes talens je les
tiens immédiatement de la nature; et vous
voulez que je jure que je les tiens des institutions humaines! *)

---

*) Je ne vois pas comment on peut citer en faveur
   de l'égalité ceux qui vivent, qui chassent et qui

Quoi! dans le commencement du monde comme à présent, cela est égal : j'ai donné le jour à une longue file de descendans, qui comme les rameaux d'un arbre fécond se sont partagés au-dessous de moi en familles innombrables qui se multiplient de plus en plus ; ces descendans sont certainement mes descendans, ils m'appartiennent aussi substantiellement que ma personne et mon sang dont

---

travaillent en commun. Avant de chasser en commun, chaque-sauvage, comme le dit M. *de Volney*, est propriétaire de ses armes, de sa personne et de son corps. Aussi, après la chasse, chacun a-t-il grand soin de réclamer sa part à raison de son travail, de sa famille et de gens qu'il a fournis. Cette chasse commune n'est qu'un composé de propriétés particulières. Il en fut de même *des Lacédémoniens, des Esséniens, des premiers chrétiens* : il en est de même des religieux et en général de tous ceux qui s'assemblent. Ce sont des individus qui mettent en commun leurs forces, leurs bras, leurs talens, leurs travaux personnels. Ces communautés supposent toutes, non seulement des propriétés préexistantes, mais des chefs, des supérieurs, des anciens, une autorité quelconque qui préside aux travaux, qui veille aux répartitions et aux partages. Ainsi elles supposent toutes, des inégalités.

ils sont extraits ; j'en suis aussi essentiellement le chef que la souche d'un arbre est la
souche des branches qui en sont sorties ; j'ai
sur eux des droits personnels et une autorité
qui est à moi seul ; et vous exigez que tut
le monde jure qu'ils me sont égaux en droit!
mes biens, *mes droits*, *mon autorité*, tout
m'est propre, je tiens tout de l'institution
même de la nature, et vous voulez que je
jure que je tiens tout des institutions humaines! mais si je tiens tout des institutions humaines, les hommes peuvent donc tout desti-
tuer: *personnes*, *droits*, *propriétés*, *autorité*:
voila tout livré à l'arbitraire.

Ces principes sont faux et radicalement
faux. S'il en est encore qui y adhèrent, j'en
suis fâché ; mais il est certain que jurer cette
affreuse égalité des droits, c'est jurer la perte
des peuples, le pillage des propriétés, la vio-
lation de tous les droits, l'usurpation de tous
les biens, le bouleversement de tous les rangs,
l'anéantissement de toutes les distinctions que
la nature avoit établies pour la constitution
essentielle de l'ordre social. Je ne concois
point de serment plus désastreux, plus absurde et plus abominable.

IX. Qu'on vienne me dire qu'après la
multiplication du genre humain dans chaque
pays, les *chefs* des diverses familles et des
petites sociétés naissantes purent, ainsi que
les autres individus, transiger sur leurs droits

respectifs, faire des alliances et des traités,
se réunir volontairement à d'autres pour accroître leurs forces et aggrandir leurs états;
qu'on vienne me dire que dès les 1ers tems,
puisque chacun avoit ses droits respectifs,
on a pu comme aujourd'hui envahir les
droits des autres, ravir leurs propriétés, se
soulever contre ses chefs, se défaire de ses
souverains; c'est ce que je croirai très-vo-
lontiers. Cela a pu se faire, puisque cela
s'est fait. Mais qu'on vienne me dire qu'a-
vant ces traités et ces alliances, ces injustices et ces usurpations, *un souverain* n'étoit
point *un souverain*, *des chefs* n'étoient point
des chefs, *des autorités* n'étoient point *des
autorités*, *des propriétés* n'étoient point *des
propriétés*; qu'on vienne me dire que quand
on me ravissoit mon bien, on ne me ravissoit pas mon bien, que des dérangemens
sont des arrangemens, et que des faits sont
des droits, certes, je ne m'y connois plus. *)

———

*) Tous ces petits chefs de famille, quoiqu'ils ne por-
tassent pas encore le nom de rois, n'en étoient
pas moins souverains. Ils gouvernoient plusieurs
maisons et portaient de véritables lois, comme
nous le verrons ailleurs.

§. III.

Egalité des droits impossible d'après l'expérience.

1. Pour trancher cette question, malheureusement trop célèbre, je soutiens donc comme une chose prouvée, avec tous les auteurs sensés qui ont écrit depuis plus de quatre mille ans, que toutes les inégalités constitutives de la société sont de l'institution même de la nature. Je soutiens qu'avant tous les arrangemens et toutes les institutions humaines que l'on voudra supposer, les hommes étoient inégaux en droits et inégaux sous tous les rapports; non-seulement du côté du mérite personnel, mais encore du côté de la fortune et de la naissance. Je soutiens qu'il y avoit déjà des propriétés, qu'il y avoit déjà des autorités, que toutes les bases sociales étoient irrévocablement établies. Je soutiens qu'avant tous les arrangemens et toutes les institutions humaines que l'on voudra supposer, il y avoit déjà *des riches et des pauvres, des grands et des petits, des sujets et des souverains*, et que quand ils n'auroient pas été reconnus comme souverains de fait, ils l'étoient de droit, qu'ainsi, quand les hommes s'assemblèrent, ils n'avoient point des droits égaux à l'autorité.

II. Je soutiens comme prouvé, qu'avant tous les arrangemens et toutes les institutions humaines que l'on voudra supposer, les premiers hommes pouvoient déjà disposer de leurs droits, et qu'eux seuls pouvoient en disposer, parce que ces droits primitifs leur étoient aussi propres, aussi inhérens, aussi personnels que le mérite et les talens dont on parle. Assurément si j'ai l'autorité originelle et par conséquent le droit de souveraineté sur mes descendans, je suis bien le maître d'en disposer; mais, personne n'en peut disposer que moi, puisque je tiens ce droit de la première naissance. Toutes ces inégalités sont antérieures aux cités. Si j'ai acquis plus de biens et plus de fortune que vous, je peux bien disposer de ces biens, mais personne n'en peut disposer que moi, puisque je les ai gagnés par mon propre travail. Dans les conventions subséquentes, je peux transiger sur mes propriétés et sur mes acquisitions. On peut même me les prendre et me les ravir: tout cela est possible, mais tout cela n'y fait rien. De quelque manière q: la chose se fasse, soit volontairement ou par violence, mes droits naturels étoient antérieurs et c'est toujours la chose sur laquelle j'avois des droits que l'on me ravit ou sur laquelle je transige. Si des voleurs me prennent mon bien, ils prennent certainement mon bien,

ce n'est point du tout celui du peuple. S'ils
me ravissent ma souveraineté, ils ravissent
ma souveraineté, ils ne ravissent point du
tout celle du peuple: tous ces droits étoient
essentiellement préexistans. Ainsi je soutiens que l'inégalité des droits ne dépend ni
des arrangemens, ni des dérangemens humains, qu'elle éxistoit essentiellement avant
toutes les institutions et toutes les révolutions humaines. *)

III. Je vas plus loin; car je mets en
fait que malgré toutes les institutions et toutes les révolutions humaines que l'on voudroit encore tenter et que l'on tentera jusqu'à
la fin du monde, toutes les inégalités subsisteront, et qu'elles subsisteront, non seulement de fait, mais encore de droit... Que
l'on brise, que l'on destitue, que l'on recon-
struise de la manière qu'on le jugera à pro-
pos, qu'on s'y prenne, comme on le voudra,

---

*) *Isthaec inequalitas haud quicquam à civitati-*
   bus originem duxit, sed istis est antiquior.
   Provenit a statu civitatum antegresso. Répé-
   terons nous partout avec Pufend. (lib. 3. cap. 2.
   Ces anciens, ces sénieurs ou seigneurs qu'on
   trouve dans l'origine chez toutes les nations, même les plus sauvages, n'ont jamais été élus. C'é-
   toient les premiers pères, les premiers chefs de
   chaque tribu.

les hommes seront toujours les uns au dessus
des autres; je défie de jamais établir l'égalité ni dans les rangs, ni dans les fortunes,
ni dans les autorités. Jamais on ne parvien-
dra à cette liberté d'indépendance après laquelle on court depuis si long temps.

Quand on décréteroit pendant vingt ans
le mélange de tous les ordres, l'anéantissement de toutes les distinctions, le partage
de toutes les terres; quand on dépouilleroit
tous les riches, qu'on renverseroit tous les
grands, qu'on détrôneroit tous les souverains
actuels de l'univers; quand on changeroit
tous les biens et tous les emplois, tous
les deux ans, on feroit encore bien des
injustices, on verseroit encore bien du sang,
on occasionneroit bien des troubles, des révolutions et des bouleversemen dans tous
les pays. . . . mais après tout ce sang répan-
du, après tous ces troubles, tous ces chan-
gemens et tous ces bouleversemens réitérés,
il y auroit encore partout des riches et des
pauvres, des grands et des petits, des sujets et des souverains. Parce que les biens,
les richesses, les dignités et les emplois ne
font que changer de mains, les gradations
sociales restent toujours les mêmes.

IV. Il y a plus: c'est que dans le bouleversement même et dans l'effervescence
des plus violentes révolutions, au milieu
des cris frénétiques *de l'égalité,* l'inégalité

ne disparoît pas un seul instant. Dans l'instant même que les souverains de droit sont renversés, ceux qui les renversent montent à leur place : dans l'instant même que ceux qui possédoient des emplois sont renvoyés, il en vient d'autres qui leur succèdent. Parce que ceux qui avoient droit aux premières places ne les occupent plus, cessent ils pour cela d'y avoir des droits? parce que ceux qui les occupent, n'y ont pas droit, en sont ils moins pour cela aux premières places, et ces premières places n'emportent elles pas nécessairement avec elles les mêmes distinctions, les mêmes dépenses et conséquemment la même inégalité dans les fortunes?

Qu'a-t-on donc fait par tous ces bouleversemens? au lieu de détruire les inégalités, on les a doublées, puisque tant que la révolution dure, on a des maîtres de fait d'un côté, et des maîtres de droit de l'autre qui se battent sans fin, et pour lesquels on est obligé de se battre, jusqu'à ce que la révolution soit totalement finie : et quand les révolutions les plus sanglantes sont totalement finies, qu'arrive-t-il? c'est qu'on retrouve malgré soi toutes les distinctions et les inégalités que l'on avoit voulu détruire. Pourquoi cela? parce que l'homme, quoiqu'il fasse, ne peut jamais détruire que ce qui est de son institution et que les inégali-

tés sociales n'en sont pas : elles sont antérieures à toutes les institutions humaines et
subsisteront après le bouleversement de toutes leurs institutions.

§. IV.

Egalité des droits impossible dans tou-
tes les suppositions.

I. D'après cela, que dira-t-on encore ? sur
quoi prétendra-t-on étayer un système insou-
tenable qui s'écroule de toutes parts ? que
fera-t-on ? nous ménera-t-on dans des isles
sauvages, dans des pays que l'on n'a jamais
vus ? dans ces pays, les hommes ont des
bras et ce qu'ils gagnent avec leurs bras est
essentiellement à eux. Nous promènera-t-on
dans l'immense étendue des siècles, nous fera-t-on passer en revue toutes les générations ? dans toutes les générations, les hommes ont eu des bras et les pères naquirent
avant leurs enfans; ils avoient déjà des
droits et des propriétés que leurs enfans n'é-
toient pas au monde. Dans tous les siècles, il y a eu essentiellement des riches et
des pauvres, des grands et des petits, des
sujets et des souverains.

Comment s'y prendra-t-on pour anéantir tous ces antiques monumens qui nous
montrent les peuples primitifs descendans
les uns des autres, paroissant tous avec des
chefs préexistans qu'ils ne s'étoient pas donnés, mais qui avoient été constitués sur eux
et sans eux par l'ordre seul de la nature? à
quel étrange expédient aura-t-on recours?

II. Aussi intrépides que les défenseurs
de l'égalité, *laissant de côté tous les faits,
toutes les histoires,* toutes les indications de
la nature et du bon sens, se jettera-t-on dans
le vague des systêmes et des suppositions? *)
voudra-t-on faire des hommes primitifs autant de sauvages vivant dans les bois? qu'y
gagnera-t-on? si je ne me bats point pour
un boeuf, je me battrai pour un cerf. Si
je ne combats pas pour du bled, je dispute-
rai pour du gland. L'inégalité naturelle nous

---

*) *Discours de J. J. Rousseau sur l'origine de
l'inégalité,* pag. 3 Si l'égalité eût existé, ce seroit un fait, et ce fait seroit dans l'histoire. Mais
c'est le contraire. Tous les faits et toutes les
histoires démontrent l'inégalité. Donc l'égalité est
un systême démenti par tous les faits. Donc, de
l'aveu des défenseurs de l'égalité, les faits, les
histoires, la nature entière sont pour nous contre
leur systême. Aussi toutes nos preuves de raison
se trouveront-elles par tout appuyées par les faits.

suivra partout. Ma cabane, ma pêche, ma famille, le fruit de mes fatigues et de mes sueurs, sera à moi dans les bois, comme dans une vaste plaine. Si je suis attaqué injustement dans mes propriétés, j'ordonnerai à mes gens de me suivre, et mes gens me suivront, parce qu'ils sont intéressés comme moi à la défense de mes propriétés. A quelque antiquité que l'on remonte, et dans quelque pays que l'on voyage, on ne sauroit citer une horde de sauvages qui ne paroisse avec des chefs préexistans et des chefs qui se f·isoient la guerre dès l'origi. ne, parce que dès l'origine ils avoient des droits à soutenir ; et dès que les hommes se multiplient par voie de génération et que les biens s'acquièrent par le travail, il est impossible que les droits aient jamais été égaux chez les sauvages, comme par tout ailleurs.

III. Maintenant que fera-t-on? se jette. ra-t-on dans une seconde hypothèse également démentie par l'histoire? voudra-t-on supposer que ces hordes sauvages fatiguées de leur dispersion, se sont assemblées spon . tanément pour former de grandes sociétés? cette nouvelle supposition rendra-t-elle ces sauvages égaux en droits? il s'en faut beau.. coup. Si ces sauvages avoient des proprié-. tés aupa·ıvant, ils viendront à l'assemblée générale avec leurs propriétés. Si ces hor.

des sauvages avoient des chefs préexistans
à la convocation, ces chefs se rendront, à
l'assemblée générale avec les autres, et quand
il sera question de se donner un souverain,
de deux choses l'une: ou ces chefs se disputeront entre eux la primauté, ou ils ne
la disputeront pas: s'ils se disputent entre
eux la primauté, c'est le sort des armes qui
en décidera, ce ne sera pas le peuple; s'ils
ne se disputent pas la primauté, ce sera
leur consentement qui la donnera, ce ne
sera pas celui du peuple. *Hanc potestatem
in civitates intulerant patres*, dit Pufend.
(lib. 3. cap. 2.)

IV. Foulons donc aux pieds l'évidence, et pour épuiser la fameuse question que
nous traitons, accordons aux partisans de
l'égalité toutes les imaginations qu'il leur
plaira de supposer, quoique manifestement
démenties par les faits.

Après avoir erré long temps dans les
bois, voilà une foule immense de sauvages
qui s'assemblent spontanément dans une
vaste plaine. Emportés par l'enthousiasme
électrique d'un désintéressement bien rare,
tous renoncent à leurs bestiaux et à leurs
propriétés, et voilà tous les biens remis en
commun: par le mouvement inoui d'une gé-
nérosité encore plus rare, tous les chefs consentent à mettre leurs droits en oubli et les
livrent à la disposition générale de l'assem-

ble. Voilà qui est fort bien : comme l'hypothèse se prête à tout, poussons la plus
loin. Supposons que cette assemblée ne
veuille point de *monarchie*, qu'elle ne veuille
pas même *d'aristocratie* ; on veut *une démocratie pure*, et la distribution des places et
de tous les biens est remise à une élection
universelle. Tout ce que l'on voudra ; voilà
certes une hypothèse bien étendue, bien fa-
vorable aux adversaires, mais enfin elle n'a
rien d'illicite, puisque tout le monde est supposé renoncer volontairement à ses droits. *)

V. D'après cette étrange hypothèse,
les partisans de l'égalité triomphent : ils croient l'égalité parfaitement établie. Eh bien,
point du tout : malgré le sacrifice général que
l'on vient de supposer, il faut encore en revenir à l'inégalité des droits, sans quoi l'as-

---

*) Je suis bien éloigné d'admettre cette origine de l'or-
dre social. Il est évident que tous les anciens
gouvernemens ont commencé par la monarchie.
C'est une concession purement gratuite pour faire
voir l'impossibilité absolue de l'égalité dans toutes
les suppositions. Ce qu'il y a de certain, c'est que
dans cette supposition même, pour sacrifier ses
droits, il faut qu'ils existent, pour élire ceux qui
ont des droits, il faut qu'ils existent. Malgré tous
les sacrifices qu'on suppose, il faut en revenir à
l'inégalité pour les élections.

sociation ne se formera jamais, de manière
que l'inégalité restera malgré toutes les hypothèses. On est surpris de cette assertion,
cependant elle est rigoureusement vraie. Car
enfin, puisqu'il s'agit de créer un gouvernement, il va falloir quelqu'un pour gouverner, tout le monde ne restera pas là dans la
plaine ; et comme il est absolument impossible que tout le monde gouverne en même
temps, il s'agit, avant tout, de déterminer
un nombre de gouvernans. Puisque c'est *une
démocratie ;* supposons qu'on tombe d'accord
que cinquante de l'assemblée seront élus, tous
les deux ans, pour avoir soin de la chose
publique, et qu'on se mette en devoir de
choisir ces cinquante: pour les choisir il
faut une règle. Quelle règle suivra-t-on dans
ce premier choix? *est-ce les talens et le mérite personnel?* dès lors ce sont les cinquante de l'assemblée qui ont le plus de talens
qui ont le plus de droit à l'élection. Tout
le reste du peuple n'y a pas un droit égal,
donc dès la première election, tout le monde n'a pas des droits égaux . . *Est-ce la
fortune et les richesses?* dès lors ce sont les
cinquante de l'assemblée qui avoient le plus
de bien, qui ont le plus de droit à l'élection:
donc tout le monde n'a pas des droits égaux.
Est-ce l'âge et l'expérience? dès lors ce sont
les cinquante de l'assemblée qui sont le plus
âgés qui ont le plus de droit à l'élection:

donc tout le monde n'y a pas des droits
égaux. *Est-ce l'autorité et la naissance?* dès
lors ce sont les cinquante de l'assemblée qui
tirent leur origine de plus haut qui ont le
plus de droit à l'élection : donc tout le monde n'y a pas des droits égaux. Donc quelque règle que l'on suive et quelque supposition que l'on fasse, dès la première election,
voilà l'inégalité rétablie: sur cette immense
assemblée il n'y en a que cinquante qui puissent prétendre de droit aux fonctions des
Législateurs. *)

VI. Enfin quelque règle qu'on ait sui-
vie dans cette première élection, voilà les
cinquante législateurs qui font une loi, et
cette loi attaque les personnes dans leurs
droits naturels. En conséquence, voilà le
peuple insurgé qui s'assemble autour de la
tente, ou plutôt autour du chariot de nos
législateurs, car il nous faut du sauvage.

_____

*) Parce qu'un chef de famille choisit les officiers et
les intendans qu'il établit sur sa maison, il ne
s'ensuit pas qu'il soit lui même électif. Parce que
dans l'origine les senieurs de chaque tribu choisis-
soient l'un d'entre eux pour général, pour *cacique*
ou par *empereur*, il ne s'ensuit pas qu'ils eussent
eux mêmes été élus. *Les senieurs* ou *les anciens* de chaque tribu étoient les plus anciens par
droit de naissance.

Après beaucoup de tumulte et de bruit, nos nouveaux souverains consentent à réformer la loi, mais comme il n'est pas possible de se concerter sur rien avec tant de monde, on convient de part et d'autre que le peuple choisira *une vingtaine* de défenseurs instruits qui examineront en quoi la loi est injuste et formeront une nouvelle assemblée; c'est ce qu'on appelle *une république tempérée.* Quelle règle suivra-t-on pour ce nouveau choix? quelle règle suivra-t-on pour la distribution des biens? celle que l'on voudra. Cela m'est égal. Ce qu'il y a de bien certain, c'est que dès avant la première élection, toutes ces inégalités existoient, sans quoi on n'en auroit pas le choix. Ce qu'il y a de bien certain, c'est que malgré tous les droits qu'on a sacrifiés, l'inégalité existe encore, sans quoi on n'y pourroit pas revenir. Ce qu'il y a de bien certain, c'est que toute élection suppose des inégalités préexistantes, puisqu'elle suppose l'admission des uns et l'exclusion des autres, d'après la considération relative de leurs droits. Ce qu'il y a de bien certain, c'est que, dès avant les élections, soit qu'on se détermine pour les autres inégalités préexistantes, soit qu'on s'en tienne à celle *du mérite personnel,* comme le veulent les défenseurs de ce système, l'égalité est impossible sous tous les rapports et dans toutes les suppositions. Par

la raison décisive que l'inégalité éxistoit
avant toutes les suppositions et tous les systêmes. *)

---

*) *L'égalité de fait*, cet état extravagant imaginé
par Rousseau et Weishaupt, où l'on n'auroit plus
ni villes, ni maisons, ni gouvernemens, ni arts,
ni métiers, ni manufactures ni vêtemens etc. Cet
état ne fut jamais ni celui de l'homme, ni même
celui des animaux, comme l'observent tous les
bons auteurs. Tandis que l'homme se fabriquoit
une tente et ensuite des maisons, le tigre se faisoit
une retraite dans le fond des forêts. Si les apô-
tres de cet état misérable y étoient condamnés seulement pendant huit jours, ils ne tarderoient pas
à venir à nos portes demander de l'abri dans
nos demeures, et on se moquèroit d'eux. Il n'est
pas étonnant que cette espèce d'égalité ait fait très
peu de sectateurs : c'est une égalité de misère, de
nudité, d'abrutissement et de mort.

§. V.

Egalité des droits impossible d'après le mérite seul.

1. *Le mérite personnel!* dirons-nous aux partisans de l'égalité...

Et qu'entendez vous par le mérite personnel? *est-ce les dispositions et les talens?* mais quand il n'y auroit point d'autre distinction parmi les hommes que celle des dispositions et des talens, est-ce que tous les hommes naissent égaux en dispositions? eh qu'importe, vous dira-t-on, par quelle distinction vous excluez le reste du peuple des places et des dignités, puisque par cette seule distinction, il s'en trouve exclus?

Les talens! ... mais tous le monde n'en a pas des talens: et si, d'après votre propre système, tous ceux qui n'en ont pas n'ont pas droit aux fonctions de l'ordre social, comment donc avez-vous osé ériger en principe: que l'universalité du peuple est souveraine; que tous les hommes sont égaux en droits? ..

II. *Les talens!* ... mais les talens, par eux-mêmes, ne méritent rien: ils ne méritent que par le travail: sans travail ils sont inutiles; et parmi les hommes à talens, il

en est si peu qui travaillent! Il en est tant
qui ne travaillent pas!

Les talens! ... mais les talens ne méritent qu'autant qu'on travaille d'après des principes surs. Un ouvrier qui opère d'après les
principes, fait des chef-d'œuvres, un ouvrier
sans principes perd son ouvrage. De grands
talens avec des principes sont un trésor; de
grands talens sans principes ou avec de principes faux sont un poignard. Et il en est si
peu qui aient des principes! Il y en a tant qui
ont des principes faux! donc tout le monde
n'a pas des droits égaux.

Les talens! ... mais les talens ne méritent qu'autant qu'on suit les règles des
mœurs; un homme borné qui a des mœurs
est un homme utile: un homme instruit qui
n'écoute que ses penchans est un être dangereux. Quand les talens deviennent les ministres des passions, plus ils sont brillans,
plus ils sont terribles. Et, il en est tant qui
font servir leurs talens au triomphe des passions! Il y en a si peu qui aient de la con-
duite et des mœurs! dont tout le monde n'a
pas des droits égaux.

Les talens! .... Mais les talens ne méritent qu'au-tant qu'ils sont cultivés par l'éducation, éclairés par l'expérience. Un savant
académicien donne de beaux principes sur
la culture des terres : un bon laboureur sait
cultiver... Un historieu fait de savantes dis-

sertations sur l'art d'assiéger les villes: un bon général sait les prendre. Et il en est si peu qui aient la pratique! Il en est tant qui n'ont que de la théorie! donc tout le monde n'a pas des droits égaux.

Les talens! . . . . Je n'en finirois pas, si je voulois entrer dans le détail de tout ce qu'il faut aux talens pour mériter d'être placés . . Souvent les talens les plus sublimes le méritent infiniment moins que des talens bien inférieurs. Donc à talens même égaux, les hommes ne sont pas égaux en droits.

III. Je n'en finirois pas davantage, si je voulois expliquer en détail tout ce qu'il faut pour placer les talens. Pour pouvoir placer les talens, il faut avoir des biens, car sans biens, que leur proposerez-vous? avant de pouvoir placer les talens, il faut qu'il y ait des maîtres, car sans maîtres, comment les cultiverez - vous? . . Avant de pouvoir former les talens, il faut qu'il y ait des lois; car sans lois, comment les réglerez - vous? Avant de pouvoir placer les talens, il faut qu'il y ait des autorités; car sans juridiction sur eux, comment les jugerez-vous? *)

---

*) *L'égalité du droits* aucontraire n'exclut ni [les sceptres, ni les couronnes, ni les chateaux, ni les palais, ni les places, ni les dignités, ni la fortune ni les honneurs; elle laisse subsister toutes ces

VI. Il s'en faut donc beaucoup que je prétende rejetter la distinction des talens: c'est une distinction établie anssi bien que les autres par le maître de la nature, et parmi toutes ces distinctions je n'en rejette aucune· Elles sont toutes utiles, toutes indispensables.

---

inégalités , et non seulement elle les laisse subsister mais elle les offre à tous? tout monde peut y prétendre à raison de ses talens, au préjudice de ceux qui les ont déjà. *Cette égalité* a eu des partisans infinis dans tous les temps , et elle dut en avoir. Elle est infiniment plus attrayante que l'égalité effrayante de *Weishaupt*. Mais ce n'en est pas moins une égalité fausse ; Ce n'en est pas moins une égalité de vols, de pillages et de brigandages? plus elle est attrayante, plus elle est dangereuse: ce n'en est pas même une égalité impossible , une égalité -- illusoire , une égalité qui n'a jamais existé et qui n'existera jamais. Si j'ai *des droits d'autorité et de propriété*, ces droits me sont personnels. Si je veux les donner, c'est à moi à les donner, ce n'est pas au peuple. Si l'on y prétend par ses talens, c'est à moi à discerner les talens, ce n'est pas au peuple; c'est à moi à juger le mérite, ce n'est pas au peuple. Mes droits sont à moi, ils ne sont nullement communs à tous; et tout le monde ne m'est-point-du tout égal en droits.

Je ne rejette point du tout la distinction in-
téressante des talens.... mais je prétends
prouver qu'elle n'est pas seule : qu'elle n'est
ni la première ni la principale, d'après l'institution même de la nature ; que c'est une folie
de vouloir s'en tenir à cette seule distinction
puisque cette seule distinction suppose, d'un
côté, du travail, de l'application, de l'expérience, des principes, des moeurs ; de l'autre, des places, de la fortune, des maîtres,
des autorités ; conséquemment toutes les autres distinctions de la nature.

V. L'autorité et les autres distinctions
de la nature une fois présupposées, je conviens qu'on ne sauroit trop avoir égard à la
distinction des talens. Le Souverain dans
tout son empire ne sauroit trop s'appiquer à
les vivifier et à les connoître. Après avoir
érigé par-tout des colléges, fondé d'excellen-
tes maisons d'institution dans tous les genres,
il doit savoir par le témoignage des maîtres
et des connoisseurs quels sont les éléves qui
promettent le plus, les placer selon leur
mérite, leur confier, dans chaque partie, une
portion de son autorité, les élever aux honneurs, au commandement des armées, les
appeler même aux premières fonctions de
la magistrature ou de son ministére ; enfin ;
toutes choses égales, distribuer les emplois
publics à raison du mérite personnel.

L'autorité et les autres distinctions de la
nature une fois présupposées , je conviens
qu'on ne sauroit trop avoir égard à la distinction des talens. Chaque père subalterne dans
sa famille et chaque supérieur dans son corps
ne sauroit trop s'appliquer à les encourager.
Chacun, dans la portion de gouvernement
qui lui est assignée , ne doit admettre dans
les places, promouvoir aux divers emplois
que ceux qu'il connoît les plus capables, que
ce qu'il y a de plus solide et de plus distin-
gué parmi les talens. Ces talens supérieurs
sont des instrumens très-propres à travailler
à préparer de bonnes lois, à éclairer l'autorité dans tout ce qu'il faut faire. Cela est incontestable.

VI, Mais ces instrumens, quelque déliés
qu'ils soient , ne sont pas *l'autorité.* Ils en
sont absolument distingués, Ils ne sauroient,
ni dans les familles subalternes, ni dans la
grande famille, la donner si on ne l'a pas.
Fût-on du premier mérite, fût-on en état de
préparer les plus belles lois, jamais on ne
pourra donner aux lois qu'on aura préparées
cette sanction , qui oblige tous les sujets à
obéir, si on ne se trouve constitué au-dessus
d'eux par l'ordre de la nature, ou par une
cession expresse de celui que l'auteur de la
nature avoit constitué d'abord.

On ne parle aujourd'hui que de la distinction des talens : c'est pour la faire pré-

valoir elle seule qu'on voudroit anéantir toutes les autres distinctions! Il en est des talens de l'esprit comme des talens du corps;
jamais ils ne donneront aucune action civile
sur les personnes, sans quoi les domestiques
auroient souvent action sur leur maîtres. Comme tous les talens, quelque part qu'ils se
trouvent, sont faits pour être dirigés, l'auteur de la nature toujours sage dans ses arrangemens, s'est bien gardé de les mettre au-
dessus de l'autorité. Quelque brillans qu'is
soient, il les y a soumis. Il ne les a pas même
placés tous dans la personne de celui qui
gouverne, il les a mis sous sa main et les a
distribués par-tout sous ses yeux. Quand il
s'agit d'en faire usage, le maître doit les
choisir avec discernement, les placer avec
précaution, les diriger avec prudence dans
les opérations du corps politique, sans jamais
leur permettre de s'écarter des lois; car dès
que les talens ne sont plus astreints aux lois
et qu'ils ne veulent plus obéir à l'autorité,
ces instrumens précieux faits pour donner la
vie deviennent infailliblement des instrumens
de mort. C'est ainsi que dans l'ordre social,
non-seulement tout est inégal, mais toutes
les distintions et les inégalités sont arrangées
et subordonnées par l'institution même de
l'auteur de la nature *).

(* Beaucoup d'autres auteurs relèvent tellement la distinction des talens et du mérite personnel, qu'ils

§. VI.

Conséquences de cette impossibilité.

1. Mais, si dans l'ordre social, toutes les distinctions et les inégalités sont arrangées et subordonnées par l'institution même de l'auteur de la nature, long tems avant l'éxistence des peuples, à quoi bon des conventions et des contrats sociaux ? Pourquoi en

semblent ainsi que tous autres partisans de l'égalité ne pas reconnoître d'autre distinction naturelle parmi les hommes. Pourquoi cela ? parce que, comme nous le verrons par la suite, ils n'ont jamais conçu l'idée véritable de l'autorité. Ces hommes célèbres qui ont entraîné dans leurs opinions une foule de grands hommes, ont été la cause involontaire de bien des bouleversemens et de bien des erreurs ; mais très certainement, ils en ont été la cause involontaire. S'ils eussent vu ces désastres, ils eussent ouvert les yeux comme nous. (*Puffendorf de valore personarum etc.*) Ce qu'il y a de bien certain c'est que la distinction du mérite, à quelque dégré qu'il soit, ne donne aucune autorité, comme nous le verrons dans la 2 partie.

G

voudroit on? pourquoi?... pour nommer
des chefs? il y en a. Pour faire les parts?
elles sont faites. Le produit de mon travail
est à moi avant toutes vos conventions et
vos contrats. Pourquoi donc des conventions? pour faire des lois? avant toutes les
possibles conventions, il y en a une d'où
dérivent essentiellement toutes les autres;
c'est la loi du bien et du mal. Pourquoi
donc des conventions? pour constituer des
autorités? elles existent... Pour subordonner ces autorités? elles le sont. Avant
toutes les constitutions civiles qu'il vous
plaira d'imaginer, il y avoit déjà des chefs,
des maîtres, des autorités. Connus ou in-
connus, cela m'est égal. Dès que vous
supposez un rassemblement, ces chefs naturels se trouveront là, ainsi que tous les
autres, avec leurs droits naturels d'autorité
et de propriété; ils sont inséparables de leur
personne. Puisqu'ils existent tous ces droits,
il n'est donc plus question de les créer, il
est question de les reconnoître. Est-ce pour
cela qu'il faut des conventions?

II. Pourquoi donc en voudroit-on?
pourquoi? je le demande: pour disposer de
mes biens, de mes domaines, de mes propriétés? mais c'est à moi à en disposer: ce
n'est pas au peuple. Pour disposer de mon
autorité, pour en constituer d'autres à ma
place? si j'y consens, toutes vos constitu-

tions seront bonnes; mais à quoi vous servi-
ront elles si je n'y consens pas? mes droits
naturels sont à moi; j'en peux disposer moi
seul et chaque individu peut en faire autant.
Vos conventions populaires seroient le bouleversement de tous les droits naturels.

III. Pourquoi donc veut-on des conventions? de quoi veut-on que j'y convien-
ne?·.... „que mon successeur ne pourra
„ régner qu'à tel âge; qu'il sera reconnu par.
„ telle et telle cérémonie; que pour le recon-
„ noître il sera porté solemnellement sur un
„ bouclier ou sacré sur un autel? " A la
bonne heure: tout cela ne va pas contre mes
droits. Si jamais il y a eu des assemblées
nationales, voilà tout ce qu'on y a pu faire.
Tout cela a pu être consenti et signé de part.
et d'autre, parce que tout cela ne répugne
ni au bon sens, ni aux premiers arrangemens de la nature.

IV. Mais ces assemblées nationales
ne sont pas ce qu'on appelle des conventions; mais il y avoit des chefs et des inégalités avant ces assemblées nationales. Mais
dans ces assemblées nationales comme dans
toutes les conventions qu'il plairoit de supposer, jamais on n'a pu convenir ensemble
et transiger sur des absurdités. Puisque les
hommes descendent les uns des autres, on
n'a pas pu convenir ensemble „ que le pre-
„ mier dans l'ordre de la naissance n'est

G 2

„ pas le premier; que le chef principal d'u-
„ ne cité n'en est pas le chef principal ; qu'u-
„ ne autorité naturelle n'est pas une autori-
„ té; que des droits naturels ne sont pas des
„ droits. " *)

     Quelque assemblée et quelque conven-
tion que l'on suppose, jamais on n'a pu
convenir ensemble „ que mes propriétés ne
„ sont pas mes propriétés; que mon travail
„ n'est point mon travail; que mon bras
„ n'est point mon bras; que ma souveraine-
„ té n'est point ma souveraineté, que mes
„ subalternes ne sont pas mes subalternes,
„ que mes descendans ne sont pas mes des-
„ cendans; que dans l'origine tout cela étoit
„ commun; qu'il fut un état primitif où tou-
„ tes ces inégalités n'existoient pas, où tous
„ les hommes avoient des droits égaux à
„ mes biens, à mes travaux, à ma souve-
„ raineté, sans autre distinction que le mé-
„ rite personnel. " Quand on en seroit con-
venu, quand on l'auroit décrété, quand on
l'auroit juré mille fois, il n'en seroit ni plus

---

*) L'égalité et la liberté ont été les hochets dont on
   s'est servi pour amuser les peuples dans toutes
   les révolutions. On les met en avant, disoit *Ta-*
   cite dès son temps, pour assujettir les autres à
   sa domination. On les délivre du joug des autres
   pour leur imposer le sien.

ni moins: tous ces sermens seroient absurdes; toutes ces conventions seroient de nulle
valeur; parce que tous ces principes sont
faux et radicalement faux: parce que l'auteur de la nature en avoit disposé autre-
ment: parce qu'avant toutes nos conventions, tous nos décrets et toutes nos institutions, il avoit subordonné tous les hommes,
constitué les autorités, créé toutes les inégalités de l'ordre social et que ses arrangemens sont indestructibles.

V. Mais si dans l'ordre social toutes
les distinctions et les inégalités sont arrangées et subordonnées par l'auteur même de
la nature, si jamais les peuples n'ont eu le
droit qu'on leur attribue de se donner des
gouvernemens, si l'égalité primitive des
rangs est une chimère qui n'a jamais existé
et qui n'existera jamais, pourquoi donc,
je le demande, pourquoi s'entêter plus long
temps de ces principes ruineux qui font le
malheur du monde? pourquoi tromper si
cruellement les peuples et nous tromper si
cruellement nous-mêmes? pourquoi tirer les
hommes de l'état de repos où l'auteur de la
nature les avoit placés, pour les faire cou-
rir après des droits chimériques qu'ils n'ont
jamais eus et qu'ils n'attraperont jamais?
que peut-il résulter de ce tourment continu-
el, de cet état d'agitation où nous nous re-
plongeons sans cesse, et qu'en est-il vrai-

ment résulté dans tous les temps, sinon un
enchaînement interminable de meurtres, de
violences, d'injustices, de proscriptions, de
rapines, d'atrocités, de schismes, de ban-
nissemens, de guerres et de carnage? parce
que (quelque révolution qu'il se fasse) il
se trouve toujours au-dessus de nos têtes,
des riches, des grands et des supérieurs;
par-tout où l'on se laisse éblouir du prestige
de l'égalité des droits, les hommes deviennent aussi furieux que des frénétiques, aussi
mobiles que les flots de la mer qui s'élèvent
et qui s'abaissent, qui se brisent avec fracas; pour attraper ces places et ces autorités, auxquelles tout le monde croit avoir
droit, on se tue, on s'égorge, on précipite
tour à tour ceux qui prennent le dessus; il
n'y a plus rien de solide, ni de permanent,
même pour ceux qui gouvernent. *)

Après tous ces massacres, ces atrocités, ces bouleversemens, l'égalité des droits
existera-t-elle? cela est impossible. Puisque
les hommes descendent les uns des autres,

---

*) Les horreurs commises dans tous les temps et dans
tous les pays par les prédicateurs de la liberté
et de l'égalité, *Manichéens*, *Wiclefites*, *Vaudois*, *Albigeois etc.* appartiennent à l'histoire.
L'histoire toute entière vient à l'appui des principes que nous établissons.

n'y eût-il encore qu'un père et un fils dans
l'univers, il y en auroit un qui seroit au-
dessus, l'autre au-dessous; un qui auroit
autorité, l'autre qui n'en auroit aucune; un
qui auroit du bien, l'autre qui n'en auroit
pas. Il est visible que le principe de l'égalité des droits est radicalement faux; qu'il
est le renversement de tous les principes,
et que partout où cette opinion détestable
s'introduira, elle y produira la ruine des
peuples, et le bouleversement de l'univers.*)

———

*) „ Un vénitien, nommé Balbi, dit M. de Mon-
„ tesquieu, (esprit des lois liv. 19. ch. 2.) étant
„ au pegu fut introduit chez le roi. Quand ce-
„ lui ci eut appris qn'il n'y avoit point de roi
„ à Venise, il fit un si grand éclat de rire,
„ qu'une toux le prit et qu'il eut beaucoup de
„ peine à parler à ses courtisans. " Si l'idée d'un
état sans roi parut si étrange dans ces régions,
qu'y eut-on pensé d'un état sans inégalités, sans
autorités et sans aucuns chefs?

S. VIII.

Conclusion.

Je crois avoir prouvé que l'état primitif d'indépendance, d'égalité et d'anarchie universelle est un fait faux.

J'ai prouvé que la distinction du mérite personnel, elle seule, excluroit ceux qui n'en ont pas, des dignités de l'ordre social et qu'elle anéantiroit l'égalité des droits; mais que cette distinction n'est pas la seule, puisqu'elle suppose toutes les autres: j'ai prouvé que les distinctions de la fortune, de la naissance, des propriétés, et surtout des autorités sont d'institution naturelle, qu'elles existoient avant toutes les assemblées, avant toutes les élections, avant le mérite personnel lui-même. J'ai prouvé que l'autorité est la première de toutes les distinctions, que l'autorité souveraine existoit essentiellement avant toutes les autorités subalternes, qu'elle se retrouvoit nécessairement dans tous les rassemblemens. . J'ai prouvé que quand les hommes primitifs eussent fait des conventions, ils n'avoient pas le droit d'y contracter; que tous leurs contrats eussent été illicites sans le consentement et l'agrément de leurs chefs naturels; ainsi j'ai prouvé que les peuples n'ont ja-

mais eu le droit de se donner des gouvernemens.

Maintenant, *est-il bien vrai que les
peuples ont eu le pouvoir de se donner des
gouvernemens?* . . . Cette seconde question
de fait n'est pas moins importante que la
première: car si, dans l'origine, les familles primitives se laisserent gouverner par
leur père commun, bien des gens pensent
que ce fut volontairement; qu'elles étoient
très libres de se donner d'autres chefs, et
qu'effectivement lorsque ces familles furent
prodigieusement multipliées dans chaque
pays, les peuples convinrent ensemble de se
donner les formes de gouvernement qu'ils
voulurent: c'est le sentiment *de Pufendorf,
de Burlamaqui* et de beaucoup d'autres graves auteurs, qui ayant été suivis par la
foule, ont formé l'opinion dominante actuelle; de sorte qu'aujourd'hui la croyance
presque générale est: *que les gouvernemens
civils ont été créés dans les conventions.*

Mais nous, nous prétendons que c'est
une seconde erreur. Après avoir établi de
la manière la plus claire dans cette première
question: que les peuples *n'ont jamais eu
le droit* de se donner d'autres chefs que ceux
qu'ils ont reçus de la nature, nous espérons
prouver aussi clairement: *qu'ils ne l'ont
point fait, et qu'ils n'ont point eu le pouvoir
de le faire,* par la raison bien simple que

toute espèce de convention populaire est
physiquement, moralement et radicalement
impossible, d'où il sera aisé de conclure,
que nous sommes en tout point, dans l'a-
veuglement le plus déplorable sur l'origine
des gouvernemens. *L'impossibilité absolue
de toute espèce de contrat social, soit tacite,
soit formel:* voilà quel sera le sujet de la
question suivante. *)

*) Il peut bien y avoir des conventions entre un sou-
verain et ses etats; mais le souverain éxistoit et
l'ordre naturel de la société étoit arrangé avant
ces etats. Ces etats ne sont pas ce qu'on appelle
des conventions où l'ordre social fut créé dans
les premiers temps,

PRINCIPES

ou

NOTES EXPLICATIVES.

P. I.

Origine de l'inégalité des droits et des propriétés etc.

Je ne vois qu'une loi élémentaire dans le monde, qui n'a point été portée par les hommes et qui éxistoit avant toutes les lois humaines; *c'est la loi du bien et du mal.*

Le mal physique conduit au bien et le bien physique conduit au mal: voilà la règle, le principe, la source de toutes les lois.

Celui qui a eu le mal, doit avoir le bien: celui qui jouit du bien doit avoir le mal: voilà la justice, le droit, le principe de tous les droits et de tous les devoirs de l'homme.

Le mal physique est le joug de la loi, le titre primitif de toutes les propriétés, la source de toutes les inégalités sociales: et cette source est dans la nature, antérieure à toutes les institutions humaines. Toujours et dès l'origine, il fut impossible de faire le bien sans peine: voilà le devoir; et toujours la peine qu'on se donna fut la règle du bien que l'on devoit avoir: voilà le droit.

Dès l'origine, n'eût-on attrapé qu'un cerf à la chasse: n'eût-on pêché qu'un poisson à la ligne: n'eût-on fait que cultiver et battre un peu de bled: c'étoit celui qui avoit eu le mal d'acquérir ce bien, qui en étoit le propriétaire primitif. *) Le mal qu'il avoit eu en étoit le titre. Il faut raisonner de

---

*) Qu'on se souvienne que ce que l'on veut bien remettre en commun n'en est pas moins *une propriété,* et que ce qui n'étoit encore ni occupé ni cultivé n'empêchoit pas ce qui étoit cultivé d'être propre; qu'il y avoit *des propriétés de droit* dès l'origine et qu'il étoit impossible qu'il n'y en eût pas. *Nota.* La question *du bien et du mal,* qui fait la base de tout, sera traitée à fonds dans la question *de la liberté. Ante civitates institutas dominium rerum fuisse gratis negatur:* dit *Pufend.*

même de celui qui avoit la peine d'élever
des enfans, de nourrir des bestiaux et qui
se livroit à d'autres travaux, soit d'esprit,
soit de corps. Le fruit de son enfantement
et de ses douleurs, de ses soins et de ses
travaux étoit essentiellement sa propriété.
Il lui étoit aussi propre, aussi personnel que
le corps avec lequel il avoit engendré, que
les jambes et les pieds avec lesquels il avoit
couru, que les bras et les mains avec lesquels il avoit travaillé. Donc le titre primitif de tous nos droits, de toutes nos propriétés et de toutes nos inégalités sociales
est antérieur à toutes les institutions humaines : et ces droits présupposent une autorité
tutélaire. *)

---

*) Des enfans mineurs remettent le fruit de leurs tra-
vaux dans les mains de leur père, parce qu'ils
le lui doivent pour les frais de leur éducation.
Jusqu'à ce que le père soit remboursé de ses frais,
c'est *la propriété* du père. Quand il est remboursé, c'est *la propriété* des enfans. Le père
n'en est que le dépositaire et le juge jusqu'à ce
qu'ils soient en état de gérer et qu'ils soient éman-
cipés. Il en est de même des *tuteurs et cura-
teurs*. Toutes ces communautés de fait n'empêchent pas *la propriété de droit* et conséquemment *l'inégalité*.

Dès l'origine, l'homme n'eût-il cultivé la terre „ qu'avec un bâton pointu; le tra-
„ vail donnoit droit au cultivateur sur le
„ produit de la terre qu'il avoit défrichée
„ et par suite lui en donnoit sur le fonds,
„ *Dès l'origine*, comme le dit J. J. Rous-
„ seau, le plus alerte couroit le mieux, le
„ plus fort faisoit plus d'ouvrage, le plus
„ adroit tiroit meilleur parti du sien, le plus
„ ingénieux trouvoit les moyens d'abréger
„ son travail. L'un avoit beaucoup d'en-
„ fans, l'autre en avoit peu; l'un gagnoit
„ beaucoup, tandis que l'autre avoit peine
„ à vivre. " De la différence des âges, de
la santé, des forces du corps, des qualités
de l'esprit et de l'âme, qui, de l'aveu de
cet auteur lui-même, sont incontestablement
de l'institution de la nature *) s'ensuivent
nécessairement les inégalités des rangs, des
richesses, du domaine, des propriétés, des
pouvoirs et de tous les autres droits. Donc
selon J. J. Rousseau lui-même, tous nos
droits étoient inégaux antérieurement à toutes les institutions humaines.

Qu'on juge d'après cela du fonds que
l'on doit faire sur ce que dit J. J. Rousseau
lui même dans le reste de son discours sur
l'origine de l'inégalité, et sur ce déluge d'ou-

*) V. Discours sur l'origine de l'inégalité p. 2. 67. 68. etc.

vrages qui ont infecté notre siècle et répété les mêmes paradoxes. Qu'on juge d'après cela de l'existence de ce célèbre état primitif où l'homme n'avoit encore „ ni maî- „ tres, ni législateurs, ni lois, ni proprié- „ tés; où l'on n'avoit pas la moindre notion „ du tien et du mien, du vice et de la ver- „ tu, du juste ou de l'injuste; où les hom- „ mes libres de toutes passions et de tous „ maux n'ayoient aucune sorte de relation „ morale ni de devoirs connus, libres, sains, „ bons, heureux, jouissant des douceurs „ d'un commerce indépendant. " *) Il est vrai que *Rousseau* dans la préface du même discours, un peu revenu de ce beau rêve, commence à douter de la vérité de cet état primitif. Il soupçonne par réflexion *que peut-être il n'a jamais existé et qu'il n'existera peut-être jamais.* **) D'après ce que nous avons dit, on peut sans balancer rayer le *peut-être.*

---

*) Ibid.

**) Préface de ce discours. p. XXII.

P. II.

Que l'égalité des droits n'exista ni dans l'âge d'or, ni du temps des patriarches.

Cependant on y a cru et l'on y croit encore très sérieusement à cet état primitif. De quelque côté qu'on se retourne, on vous certifie presque dans les mêmes termes que J. J. Rousseau : que dans l'âge d'or, dans le temps des patriarches, il n'y avoit encore ni rois, ni souverains, ni lois, ni propriétés ; que tous les hommes étoient égaux en droits ; et une preuve, que l'on croit très sérieusement à ce qu'on dit, c'est que quand on entreprend de s'expliquer sur cet état primitif, on tremble, l'on a peur. On vous observe avec inquiétude qu'il est dangereux d'agiter de pareilles questions. Faire entendre qu'il est dangereux d'agiter de pareilles questions, c'est annoncer clairement que l'on croit à l'égalité, et c'est précisément dans cette fausse opinion que le danger réside. Si les hommes furent jadis sans constitutions et sans partages, il seroit dangereux de parler de cet état aux hommes actuels, parce qu'ils ne manqueroient pas de vouloir recommencer perpétuellement les partages et les constitutions ; ce qui occasion-

ncroit un bouleversement perpétuel. Mais
si cet état est une fausseté, il n'y a pas
de danger de le dire; il n'y a pas de danger de le démontrer. Il y a au contraire
beaucoup de danger à ne le pas faire. Comme nous parlerons ailleurs *des patriarches*,
nous n'en dirons ici que deux mots, mais
nous en dirons assez pour la question actuelle.

Dans le temps des patriarches, on prétend qu'il n'y avoit encore ni rois, ni souverains, ni lois, ni propriétés; que tout
le monde étoit égal. Il ne faut pas avoir
ouvert l'histoire (*dit M. Fleury, moeurs des
Israélites*) pour avancer de pareilles assertions. Dans le temps du fameux patriarche
Abraham, il y avoit des rois partout. Il y
en avoit *en Egypte*, il y en avoit *à Ninive*.
Toute la terre *de Chanaan* étoit pleine de
petits rois: chez tous les peuples de ces premiers temps il y avoit des rois, des lois et
des propriétés. Donc, il est faux que du
temps des patriarches, tous les hommes fussent égaux.

Il est bien vrai que dans ces temps primitifs, les patriarches personnellement ne
portoient pas le titre de rois: nous en dirons ailleurs les raisons: mais de ce que les
patriarches ne portoient pas le titre de rois,
dire que tout le monde étoit sans propriétés, que tout étoit commun parmi les hommes, c'est un raisonnement bien étrange.

Adam avoit des propriétés; *Noé* avoit des
propriétés: tous les hommes avoient des
propriétés: tous les patriarches avoient des
propriétés longtemps avant d'avoir des en,
fans. Tout ce qui leur étoit venu du travail
de leurs pères, tout ce qu'ils avoient acquis
par leur propre travail étoit bien à eux; ce
n'étoit pas au roi d'Egypte. Ils avoient le
droit d'en faire le partage. Donc tout n'é-
toit pas commun du temps des patriarches. *)

---

*) „ Laissez là vos villes, vos villages, s'écrie *Weis-*
„ *haupt*, brulez les: sous la vie patriarchale
„ les hommes n'avoient ni villes ni villages, et
„ ils étoient heureux, ils étoient égaux et libres.
„ Brulez, brulez. La naissance des propriétés,
„ la culture des champs sont une atteinte mor-
telle à la liberté et à l'égalité. " . . . Quel délire! il est bien vrai qu'*Abraham* qui étoit pas-
teur ne demeuroit point dans les villes; mais *Loth*
y demeuroit; mais du temps d'*Abraham*, il y
avoit des cités partout; mais dès le temps d'*A-*
dam il y avoit des cités. Dès ces premiers temps,
les hommes n'étoient point du tout sans chefs,
sans autorités, sans terres cultivées, sans partages, sans propriétés, sans tentes, sans maisons,
sans habitations: *cet état patriarchal* d'égalité
est une folie réprouvée par tous les bons auteurs.

De ce que les patriarches ne portoient pas le titre de rois, en conclure que tout étoit égal dans leur maison, c'est une fausseté encore plus frappante. Certes, *Agar* n'étoit point l'égale de *Sara*, *Eliézer* n'étoit point l'égal d'*Abraham*, les pâtres de *Loth* n'étoient point égaux à leur maître. J'ai beau chercher dans les maisons des patriarches, je ne vois que des esclaves et des serviteurs. Dans ces temps primitifs où l'on voit l'indépendance, je vois des esclaves partout. Il y en avoit sous les patriarches, il y en avoit sous tous les maîtres, il y en avoit chez tous les peuples. Ce n'est pas là l'égalité; il s'en faut.

En retournant au temps des patriarches, on perdroit en un instant tous les avantages inestimables qu'on a acquis par la culture des terres, la découverte des arts, le progrès des sciences, la solidité des lois. Au lieu de retourner à la liberté, on rentreroit dans la servitude. Au lieu de recouvrer l'égalité, on retomberoit dans la plus affreuse de toutes les dépendances. Voilà l'état déplorable où les partisans de l'égalité veulent nous rappeller, à un état ou l'on n'avoit encore ni terres défrichées, ni maisons bâties, ni forces organisées : voilà le service signalé qu'ils veulent rendre aux peuples, en les berçant de leurs rêveries et de leurs absurdités.

Comme ces temps primitifs reviendront
ailleurs, nous nous en tenons là. Nous en
avons dit assez pour prouver que du temps
des patriarches, il y avoit partout des rois,
des souverains, des lois, des propriétés; que
l'inégalité étoit plus grande dans ces premiers
temps qu'elle ne l'est de nos jours. Donc
dans tous les temps l'égalité fut un monstre
réprouvé par la nature. Donc nous sommes
dans une grande erreur sur les temps primitifs.

P. III.

Inégalité essentielle des rangs.

Le terme souverain *summus*, *supremus*, signifie essentiellement celui qui est en haut;
et dans une république où le souverain est
composé de plusieurs individus, c'est la
partie haute de la nation, la partie au-dessus
des autres, qui est à la tête des affaires
et qui tient le gouvernement dans les mains.

Qu'on juge d'après cela combien il est
ridicule, combien il est révoltant pour le
sens commun d'avoir distribué la souveraineté à tout un peuple, d'en avoir fait l'attri-
but de l'universalité des individus. N'est-il
pas visible que notre siècle qui se croit élevé au suprême degré des lumières est par-
venu au comble de la folie? un escalier dont

toutes les marches seroient souveraines cesseroit d'être un escalier: un peuple dont tous les individus seroient souverains cesseroit d'être un peuple. Si la totalité d'un vaisseau étoit au gouvernail, que gouverneroit-il? si tout un peuple étoit souverain, de qui le seroit-il? le peuple romain pouvoit être le souverain des peuples vaincus, il les gouvernoit par son sénat, mais un peuple entier souverain de lui-même, qui se gouverne et qui se régit; voilà qui est tout neuf et qui étoit digne de notre sublime philosophie.

Les terme de peuple et de souverain sont aussi incompatibles que la tête et les pieds, le haut et le bas, le blanc et le noir; la nuit et le jour. Un homme d'un souverain mérite, c'est un homme du premier mérite. Un homme souverain en domaine est un homme qui a eu le premier domaine. Un homme souverain en autorité est celui qui a été le premier en autorité, et un homme d'une souveraine naissance, c'est celui qui est de la première naissance, qui descend d'un point plus élevé que les autres.

Mais, disent à cela les partisans de l'égalité, *que fait donc la naissance parmi les hommes?* *)

---

*) „ La fonction délicate de l'homme roi, dit *Welshaupt* à Zwack, est de bien inculquer aux sub-

Très peu de chose: elle fait seulement
1. que vous êtes au monde; 2. que vous
êtes né le premier; 3. qu'en qualité de premier né, vous viviez quand les autres ne
vivoient pas, vous travailliez quand les autres ne travailloient pas, vous aviez déjà
des biens quand les autres n'en avoient pas,
des propriétés, quand les autres n'en possédoient pas, des maisons, des bestiaux, des
enfans, des terres cultivées quand les autres n'en avoient pas etc. Voilà tout ce que
cela fait. Ah! dirons nous avec Mr. de Fénelon, si tous les hommes naissoient à la
même heure ou qu'ils sortissent tous ensemble de la terre comme les compagnons de
Cadmus avec toute la taille et toute la force de l'âge parfait, on pourroit dire *qu'ils
naitroient égaux en droits*; mais tant qu'ils
naitront successivement et qu'ils descendront
les uns des autres, la naissance y fera beaucoup. .... Quand le premier chef de ma famille existoit, il avoit déjà bien des droits

---

,, alternes que chaque paysan, chaque bourgeois,
,, chaque père de famille est souverain. " Quand
chaque père de famille seroit souverain, ses enfans ne le seroient pas: ainsi il y auroit inégalité.
Mais il est aussi impossible qu'un père subalterne
soit souverain, qu'il est impossible que les dernières marches d'un escalier soient la première.

que je n'avois pas, et quand le fondateur de chaque peuple existoit, il avoit déjà bien des droits de domaine et d'autorité que son peuple n'avoit pas et qu'il ne pouvoit pas avoir puisqu'il n'étoit pas encore au monde. *)

Ce n'est donc pas par le peuple, c'est par l'auteur même de la nature que les iné-galités sociales ont été fixées. Et que seroit-ce si elles n'eussent pas été fixées irrévoca-blement par l'auteur même de la nature? si ces arrangemens essentiels eussent été aban-donnés aux conventions et aux volontés ver-satiles des hommes, aujourd'hui l'on vou-droit un chef, demain l'on n'en voudroit plus. Aujourd'hui la pluralité voudroit une loi, demain elle ne la voudroit plus. Au-jourd'hui on me donneroit une terre, demain

---

*) Un état d'égalité et d'indépendance où tous les hommes auroient un droit égal de commander, seroit contraire à l'ordre de la génération et abso-lument inconcevable / . . . à moins qu'ils ne na-quissent tous à la même heure, ou qu'ils ne sor-tissent tous ensemble de la terre comme les com-pagnons *de Cadmus* avec toute la taille et toute la force d'un âge parfait (*principes de Fénélon* ch. 4.) cet age d'or où les hommes erroient nuds dans les forêts de la Thessalie, dit *M. de Vol-ney*, étoit le plus pitoyable de tous les états.

je ne l'aurois plus. Le décret de la veille
seroit rapporté par le décret du lendemain;
la constitution d'une assemblée seroit brisée
par les constitutions des assemblées suivantes.

Dès l'instant qu'on établit en principe:
que la souveraineté réside dans l'universalité, dès l'instant même il n'y a plus ni droit,
ni justice, ni lois, ni propriétés. Personne
ne peut plus compter ni sur sa place, ni sur
sa vie, ni sur son état, ni sur ses possessions. Etablir le principe infernal de l'égalité des droits, c'est, à coup sûr, ouvrir la
porte aux brigues, aux cabales, aux cri-
mes, aux attentats, mettre à l'encan la tête
de tous ceux qui ont des biens et des dignités. Dès l'instant même, la passion n'a
plus de frein, l'autorité n'a plus de nerf.
Tous ceux qui commandent se trouvent obligés ou de mollir ou de sévir, ou de trembler ou de faire trembler les autres par la
cruauté et la tyrannie. Tout est bouleversé,
parce qu'on a bouleversé la nature.

P. IV.

Des droits généraux empêchent-ils l'iné-
galité personnelle ?

Quand on dit *que tous les hommes sont*
égaux aux yeux de dieu, de la justice, de la

religion et de la loi : qu'est-ce que cela veut
dire ? cela veut-il dire qu'aux yeux de dieu,
de la justice, de la religion et de la loi,
il n'y a ni premiers nés ni derniers nés, ni
riches ni pauvres, ni sujets ni souverains,
ni aucune distinction de fortune, de naissance, d'autorités et de propriétés, etc ? non
sans doute.

Qu'est-ce donc que tout cela veut dire ?
cela veut dire : que dans l'administration
de la justice, de la religion et de la loi,
on ne doit point avoir égard à ces distinctions : que tous ceux qui sont constitués pour
gouverner soit dans le spirituel, soit dans
le civil, doivent la justice aux petits comme
aux grands, aux pauvres comme aux riches, qu'ils ne doivent point se laisser éblouir
dans leurs jugemens par l'éclat des distinctions, et des inégalités ; mais cela ne veut
pas dire que ces inégalités n'existent pas,
et n'existent pas de droit naturel... Cela
veut dire que tous les hommes de quelque
rang et de quelque autorité qu'ils soient,
grands ou petits, riches ou pauvres, sujets
et souverains, sont tous de même nature,
tous sujets aux maladies et à la mort, tous
pêtris du même limon, tous assujettis aux
mêmes besoins généraux, tous appellés à
la même fin, tous destinés aux mêmes récompenses ; cela veut dire : qu'ils ont tous
également droit aux biens de la terre et de

la religion, à la justice de dieu et des hommes; que le gouvernement leur doit également protection à tous, sans acception de fortune et de naissance: voilà visiblement tout ce que cela veut dire: étant tous de même nature, nous avons tous des droits qui nous sont communs à tous.

Mais ces droits généraux qui nous sont communs à tous n'empêchent pas la différence et la distinction des droits individuels qui nous sont particuliers et exclusivement propres à chaque personne. Dans toutes ces choses qui nous sont communes par nature, tout est également par nature gradué et subordonné, et en remontant à la tête de ces degrés subordonnés, on trouve dans chaque partie le degré souverain qui est supérieur à tous les autres, qui conséquemment, comme nous l'avons dit ci-dessus, ne sauroit être commun à tous, sans quoi il ne seroit plus souverain. En voici le précis.

P. V.

Précis des distinctions et inégalités naturelles.

Par exemple *pour la naissance :* grands et petits, riches et pauvres, tous les hommes

naissent de la même manière: voilà ce qui
nous est commun à tous: mais les uns naissent les premiers, les autres les derniers;
les uns ont déjà des enfans, les autres n'en
ont pas; les uns ont autorité, d'autres n'en
ont pas, et à la tête de ces autorités est
l'autorité souveraine. De là des différences
infinies dans l'ordre, le rang, la puissance
et la subordination des familles. 1. genre
d'inégalité naturelle indépendant de toutes
les institutions humaines.

Pour la fortune: grands et petits, riches
et pauvres, tous les hommes, dès leur naissance, ont besoin des biens de la terre et
certainement tous y ont des droits généraux;
voilà ce qui nous est commun à tous; mais
tous en naissant ne trouvent pas des parens
aussi riches, aussi laborieux, aussi fortunés
qui leur laissent volontairement les biens
qu'ils ont amassés: tous, quand ils sont nés,
ne sont pas eux-mêmes aussi actifs, aussi
vigilans, aussi laborieux. De là des différences infinies dans les richesses et dans les
fortunes. 2. Genre d'inégalité naturelle indépendant de toutes les institutions humaines.

Pour le corps: grands et petits, riches
et pauvres, tous les hommes naissent avec
un corps, des membres et des organes pé-
tris du même limon: voilà ce qui nous est
commun à tous; mais tous n'ont pas un corps
égal et également bien organisé. Delà des

différences infinies dans la taille, la figure, la force, la vigueur, conséquemment dans les opérations et les travaux. Troisième source naturelle d'inégalités, indépendante de toutes les institutions humaines.

Pour l'esprit: grands et petits, riches et pauvres, tous les hommes ont une âme et sont des êtres raisonnables: voilà ce qui nous est commun à tous; mais tous n'ont pas la même dose d'esprit, de raison et de talens. Delà des différences infinies dans la capacité, la mémoire, l'imagination, conséquemment dans les inventions et les opérations spirituelles. Quatrième source naturelle d'inégalités indépendantes des institutions humaines.

Pour le mérite : grands et petits, riches et pauvres, tous les hommes, en général, ont droit soit aux biens de ce monde, soit aux récompenses de la vie future, chacun à raison de son mérite personnel : voilà ce qui nous est commun à tous; mais tous n'ont pas le même mérite, la même activité, le même courage, les mêmes dispositions, les mêmes talens, les mêmes moyens. Delà des différences infinies dans la distribution des biens, des récompenses, des dignités et des honneurs, soit dans ce monde, soit dans l'autre. Cinquième source naturelle d'inégalités indépendante de toutes les institutions humaines.

Pour le gouvernement : grands et petits,
riches et pauvres, tout le monde a droit à
la justice de dieu et des hommes, à la protection des gouvernemens ; voilà ce qui nous
est commun à tous ; mais tout le monde n'a
pas le droit de gouverner, tout le monde
n'a pas le droit d'être souverain ni dans ce
monde, ni dans l'autre. Ce sont des attributs exclusifs qui dépendent du degré et qui
sont donnés aux individus indépendamment
de toutes les institutions humaines.

Et, puisqu'il est des attributs exclusifs,
des droits personnels indépendans de toutes
les institutions humaines, la justice exige
que ces droits personnels soient également
protégés ; que celui qui a des droits naturels d'autorité puisse lui seul disposer de
son autorité ; que celui qui a acquis des
propriétés, puisse lui seul disposer de ses
propriétés, que celui qui a fait un bon usage de ses talens soit placé à raison du bon
usage qu'il fait de ses talens. Delà des différences infinies dans l'administration des
places, des récompenses et des faveurs. Source naturelle et inépuisable d'inégalités indépendantes des institutions humaines.

Quand on aura détruit toutes ces inégalités individuelles, on pourra commencer à
croire *à l'égalité.* Mais c'est une entreprise
qui n'est pas encore commencée. Il est clair
comme le jour, que ce qui nous est commun

à tous n'empêche pas les inégalités individuelles de 1. de 2. de 3. etc. Parce que je
suis homme, il n'est pas dit que je suis le
premier des hommes: parce que j'ai de l'autorité, il n'est pas dit que je suis le premier
en autorité; parce que j'ai droit aux mêmes
biens et aux mêmes récompenses que le reste
du genre humain, il n'est pas dit que tout
le genre humain aura une même portion de
ces biens et de ces récompenses. Ce sont
ces inégalités individuelles qu'on voudroit
supprimer, c'est ce qu'on ne fera jamais.
C'est à ce même degré d'autorité, de fortune
et de propriété qu'on prétend que tout le
monde avoit droit dans l'état de pure nature: ce qui est évidemment faux. Voilà les
sources inépuisables de nos inégalités; maintenant en voici l'ordre.

P. VI.

Ordre naturel des distinctions et des iné-
galités.

Chez les partisans de l'égalité, on admet
cependant une distinction et une inégalité;
c'est celle du mérite personnel; mais c'est
la seule que l'on admette. On veut abolir

toutes les autres; sur quoi voici le précis de
nos observations.

   Dans l'état de pure nature comme dans
le nôtre, s'il n'y eût eu ni biens ni propriétés, je demande ce que l'on eût pu mériter.
Qui est-ce qui eût recompensé le mérite, s'il
n'y eût point eu de maître? et comment eût-
on jugé du mérite, s'il n'y eût pas eu de
lois? sans lois, sans maîtres et sans biens,
dans l'état de pure nature, comme dans le
nôtre, le mérite eût été nul, son existence
eût été impossible. Le mérite que l'on suppose, suppose avant lui toutes les autres
distinctions: aussi préexistèrent-elles.

   1. Avant d'exister, il faut être créé ou
engendré: ainsi *l'autorité* est au-dessus de
toutes les distinctions. Elle précéda essentiellement la distinction de la naissance.

   2. Avant d'avoir du bien, il faut être
né: ainsi la distinction de la naissance fut
essentiellement antérieure à celle de la fortune.

   3. Avant de mériter du bien, il faut
qu'il y en ait: ainsi la distinction de la fortune fut essentiellement antérieure à celle du
mérite, d'après l'institution même de la nature.

   Delà il s'ensuit évidemment qu'originairement et par l'institution même de la
nature, *l'autorité* est à la tête de tout, que
toutes les autres distinctions de naissance,

de fortune, de mérite et de propriété lui
sont essentiellement subordonnées.

Delà il s'ensuit évidemment que toutes
les distinctions de fortune, de naissance,
d'autorité et de propriété sont d'institution
naturelle, aussi bien que le mérite et même
avant le mérite personnel.

Delà il s'ensuit évidemment que *cet état
de pure nature et d'égalité* primitive où l'on
prétend rappeller les hommes, est un état
faux, solemnellement démenti par la voix
de la nature.

D'après cela, qu'on juge sur quel abyme
on a voulu bâtir les constitutions dans différens temps; du bouleversement qui devoit
s'ensuivre et qui s'ensuivra nécessairement
tant que l'opinion ne se rectifiera pas.

P. VII.

Témoignage des auteurs.

Dans les siècles les plus ténébreux, la vérité se fait jour à travers les nuages. Avec
du travail et de l'attention on la voit, quand
on veut la voir, et dans tous les temps il
en est qui l'ont apperçue.

1. Tous ceux qui prétendent que la société est l'ouvrage de la nature, *opus naturae*, qu'elle a été instituée par dieu même;

a deo ipso institutam, comme *Aristote*, *Platon* et une infinité d'autres auteurs tant anciens que modernes, disent la même chose que nous. Ainsi nous ne sommes pas les seuls de notre avis.

2. Tous ceux qui se moquent de l'état de pure nature, d'égalité et d'indépendance, qui le traitent d'état idéal, comme *Titius*, *Hornius*, *M. de Buffon* et une infinité d'autres, pensent pleinement et totalement comme nous. Ainsi nous sommes loin d'être les seuls de notre avis. *)

3. Tous ceux, qui, s'élevant au-dessus des préjugés reçus, ont eu le courage d'étudier dans le livre de la nature l'état primitif des sociétés, y ont vu la même chose que nous. Ainsi nous ne sommes pas les seuls de notre avis.

Voici ce qu'en dit l'auteur que nous avons cité dans le corps de la question; *ordre naturel et essentiel des sociétés: imprimé en 1768. chap. 16.*

---

*) Violer les droits de la subordination établie, vouloir renverser la supériorité des rangs, réduire les hommes *à une égalité imaginaire* c'est renverser les arrangemens du père commun qui donne à chacun la place qui lui convient (*principes de Fénélon, ch. 5.*

„ Ce systême (de la souveraineté du
„ peuple) dit cet auteur, doit le jour à l'i-
„ dée qu'on s'étoit formée d'une égalité qu'on
„ croyoit voir dans les conditions des hom-
„ mes considérés dans ce qu'on a nommé
„ *l'état de pure nature*, c'est-à-dire, celui
„ qui a précédé l'institution des sociétés
„ conventionnelles.

„ La 1ere contradiction qui se fait re-
„ marquer dans cet ensemble, c'est que *la*
„ *loi de la prop iété*, cette loi fondamentale
„ des sociétés, qui est la raison primitive
„ de toutes les autres lois, se trouve néces-
„ sairement exclusive de l'égalité. *Cette éga-*
„ *lité chimérique*, qui est *d'une impossibilité*
„ *physique*, dans quelqu'état que vous sup-
„ posiez les hommes, n'a donc jamais pu
„ donner le droit de participer au pouvoir
„ d'instituer les lois, puisque le maintien de
„ l'égalité n'étoit pas l'objet des lois qu'il
„ s'agissoit d'instituer .... Avant l'institu-
„ tion des sociétés conventionnelles, les
„ hommes avoient *des droits qui dans le fait*
„ *étoient inégaux* ... Et les lois essentielles
„ à l'institution des sociétés ont nécessaire-
„ ment dû se proposer de faire re-pecter *l'i-*
„ *négalité* que *ces droits* avoient entre eux,
„ et dont on ne pouvoit changer les propor-
„ tions sans blesser cette justice par essence
„ qui les avoit elle même déterminées.

„ Cette seule observation suffit pour
„ prouver que le pouvoir législatif ne sau-
„ roit être le partage d'une nation, d'une
„ multitude d'hommes parmi lesquels il sub-
„ siste et doit subsister *des droits inégaux*,
„ et qui cependant voudroient tous séparé-
„ ment que l'inégalité fût en leur faveur.

„ On croit, ajoute-t-il plus bas, que
„ les hommes ont dû commencer par être, en
„ commun, les instituteurs de leurs lois, en
„ formant des sociétés particulières; mais
„ en cela *on se trompe grossièrement;* car
„ dans l'origine des sociétés particulières,
„ les hommes n'ont eu rien à faire qu'à se
„ soumettre à des lois qui étoient déjà fai-
„ tes, à *des lois simples de propriété* dont
„ la justice et la nécessité étoient, pour cha-
„ cun d'eux, de la même évidence. "

En lisant cet ouvrage qui ne m'a cependant été communiqué qu'après avoir fini ces
deux premières questions, ne sembleroit-il
pas que j'y ai puisé mes idées, tant elles
sont semblables? d'après cet auteur, l'égalité des droits est esséntiellement *chimérique, impossible dans tous les états et toutes
les suppositions, subversive de la loi fondamentale des sociétés, l'inégalité*. Il soutient
que *la propriété* et *l'inégalité* des droits sont
antérieures à toutes les conventions et à toutes l·s institutions humaines. Donc, les conventions étoient inutiles. Donc, quand il *y*

en auroit eu, on n'y auroit pas créé l'inégalité, on n'eût fait que la reconnoître, que se
soumettre à *des lois de propriété déjà faites*,
dont la justice et la nécessité étoient, pour
chacun d'eux, de la même évidence. N'est-ce
pas là ce que nous avons dit et ce que l'on
dira nécessairement, quand on examinera
l'état primitif d'après nature?

4. Terminons tous ces témoignages par
le cri général de tous les siècles, et concluons: *Vaudois, Wicléffites, Manichéens, Ju-
quets, Albigeois, Pastoureaux, Anabaptistes, Sectaires, Bandits, Franc-maçons, Illuminés, Agitateurs, Auteurs de séditions et
de révolutions, anciens et modernes*, tous ont
prêché *l'égalité primitive*. Tous se sont ar-
més pour la rétablir. Qu'ont ils fait? ils
ont bouleversé le monde, ils ont inondé la
terre de sang. *Les droits sont ils devenus
égaux?* cela est impossible. Pourquoi cela?
parce que l'inégalité des droits est dans la
nature, parce qu'elle est indestructible, parce que jamais les hommes n'ont été sans
chefs, sans autorités et sans propriétés: parce que, d'après la constitution essentielle du
genre humain, *l'égalité des droits* est un fantôme, une chose imaginaire qui n'a jamais
existé et qui n'existera jamais.

Mais si, d'après la constitution essentielle du genre humain, l'égalité des droits
est un fantôme, une chimère, que devient

donc tout le parti qui la soutient? que deviennent tous les ouvrages qui la supposent? que devient donc l'encyclopédie dans
tous les articles qui y ont rapport? que devient donc le serment exécrable de bouleverser sciences, villes, villages et tous les éta-
blissemens humains pour rendre les hommes égaux? (*discours de Weishaupt à Zwach.*)
Que devient donc l'invitation encore plus
épouvantable d'établir un glaive parallèle
qui se promene sur tout le globe jusqu'à ce
qu'il ne reste plus une seule tête qui s'éleve
audessus du plan horizontal? (*Proclam: de
Diderot*) si l'on ne se désiste de ce projet
exterminateur, où aboutira-t-il, sinon à la
destruction complete de l'univers? puisque,
ne resta-t-il qu'une seule famille au monde,
il y aura toujours inégalité entre le père et
les enfans.

Si, d'après la constitution essentielle
du genre humain, l'égalité des droits est un
fantôme, si cette égalité n'a jamais existé
et n'existera jamais, que devient donc cette
doctrine si généralement reçue: *que les hommes naissent naturellement libres: que la liberté naturelle de l'homme est une liberté d'indépendance?* toute cette doctrine est donc
fausse; on est donc dans l'erreur la plus desastreuse sur l'origine de l'ordre social. On
croit qu'il ne vient point de la nature, et il
en vient. On croit que les hommes ne sont

point naturellement subordonnés, et ils le
sont. On croit qu'ils ont eu le droit de se
donner des gouvernemens, et ils ne l'ont
point eu. Mais pour achever d'anéantir cette erreur desastreuse, prouvons *qu'ils ne
l'ont point fait:* que tout contrat social est
impraticable: qu'ainsi jamais aucun gouvernement n'a pu venir des peuples. *)

---

*) Pourquoi tant de philosophes anciens et moder-
  nes se sont ils égarés, *dit l'abbé de Condillac,
  dans son cours d'études tom.* 15? c'est parce
  qu'au lieu d'observez la nature, ils ont raisonné
  d'après des hypothèses. Voi là notre histoire. Au
  lieu d'observer, on a commencé par supposer
  *des dispersions, des conventions, des hom-
  mes égaux.* D'après ces suppositions aussi absurdes que gratuites, on a écrit, on a imprimé,
  on a raisonné à perte de vue. Mais au lieu de
  supposer, il falloit observer, il falloit vérifier, il
  falloit prouver: c'est ce qu'on n'a pas fait, et ce
  qu'on ne fera jamais.

Seconde Question.

LE CONTRAT SOCIAL

FUT-IL JAMAIS PRATICABLE?

Du contrat social.

I. Tant qu'il n'est question que d'affirmer: qu'il y eut autrefois *des conventions et des contrats sociaux;* que ce furent les peuples qui, dans l'origine, se donnèrent des gouvernemens: rien de si facile. Les plus fameux publicistes l'ont dit: d'après eux, les plus grands hommes l'ont cru: la foule des écri- •

vains l'a répété; l'encyclopédie l'a publié
et comme le dit fort bien *Mr. Bossuet*, tant
qu'il ne s'agit pas de prouver, tout le monde peut, sans se gêner beaucoup, en écrire
et en dire autant. .... Mais quand il est
question de fournir des preuves; quand il
est question de passer en revue tout ce que
l'idée seule de cette grande opération en-
traine et présuppose: quand il est question
d'expliquer le mode, de donner une théorie
raisonnée de ces fameuses associations, l'af-
faire devient un peu plus sérieuse. Le célèbre *Pufendorf* dans son traité du droit naturel, a consacré de nombreux chapitres au
développement de ce système: qu'est-il résulté des travaux de ce savant auteur? une
théorie obscure et embrouillée que qui ce
soit ne comprendra jamais. *)

---

*) *Pufendorf, Suarez, Burlamaqui*, et une infinité d'autres publicistes, moralistes et théologiens
infiniment estimables d'ailleurs, ont supposé que,
dans l'origine, ce sont les peuples qui se sont
donné des gouvernemens. On le répète partout
dans l'encyclopédie et dans une infinité d'autres
ouvrages. Cela est fort aisé à dire: mais dans
une assertion aussi importante, comme le dit *Mr.
Bossuet* au ministre *Jurieu*, il eût fallu prouver;
et on ne cite pas un seul exemple de contrat social. Il y a plus, c'est que tous ceux qui se

II. Comme tous les auteurs qui avoient
écrit sur cette matière avant *Pufendorf*, s'é.
toient encore moins bien expliqués, quand
on eut conçu le projet .d'effectuer le contrat
social, on se trouva dans un grand embarras. Avant d'en venir à l'éxécution, il eût
été bon d'avoir un plan plus clair, et on
n'en voioit point paroître... *J. J. Rousseau*,
le maître de tous les philosophes modernes
par la trempe de son génie, l'énergie de son
style et la vigueur de ses raisonnemens, se
chargea d'en donner un. Tout l'univers phi-
losophique fut dans la joie. La réputation

---

sont mis en devoir d'expliquer la génération des
gouvernemens par les conventions des peuples,
n'ont jamais pu en venir à bout. Qu'on lise *Pufendorf* sur la génération de l'empire civil, sa
distinction morale des personnes, *imperantes et
parentes,* son embarras pour expliquer comment
les femmes, les absens, les nouveaux nés font
partie de l'association sans cependant s'associer;
Qu'on lise ensuite celui qui s'est expliqué le mieux
de tous, *J. J. Rousseau*, On verra que tous ces
auteurs quelqu'éclairés qu'ils soient d'ailleurs, sont
forcés à chaque pas de se jetter dans un dédale
d'abstractions, d'absurdités, d'impossibilités inin-
telligibles, qui, comme le dit Titius; *Ut ut sub-
tiles sint, parum tamen intelliguntur.*

de ce grand homme étoit vivement intéressée au succès. Il s'y employa sans ménagement: ses travaux furent immenses, puisque, de son aveu, ce qu'il nous a laissé sur cette matière n'est qu'un court extrait d'une foule d'observations qu'il n'a pas données.

III. Des travaux immenses d'un auteur aussi fameux, qu'est-il résulté? une production aussi absurde qu'inintelligible. Son contrat social est un chef d'oeuvre de combinaison, de méditation et de génie sans doute! il a parfaitement établi les conditions, parfaitement posé le problême... Mais la solution!.. Jamais il n'a pu s'en tirer. Quand il en est là, on voit que c'est un géant qui nâge dans un abîme et qui se débat dans un cahos... Des hommes unis qui se dispersent pour être libres; des hommes libres qui se reunissent pour être esclaves: une association où chacun devient en même tems sujet et souverain, personne publique et personne particulière, gouvernant et gouverné, obéissant sans avoir de maître, sacrifiant sa liberté sans cependant cesser d'être libre. Tout cela est si merveilleux, que l'auteur lui même ne sauroit s'empêcher d'en témoigner hautement sa surprise (*liv. 1.chap. 6. ainsi que pag. 363.*)

IV. On sait très bien que, dès qu'on admet le système des conventions, on n'est pas le maître d'en retrancher toutes ces absurdités, puisqu'elles sont de l'essence même de ce systéme: *Pufendorf* les y avoit trouvées avant *J. J. Rousseau*; *J. J. Rousseau* les y a retrouvées après Pufendorf; et quiconque voudra soutenir avec ces grands hommes que ce sont les peuples qui se sont donnés des gouvernemens sera forcé comme eux de dévorer toutes ces absurdités. Mais alors pourquoi persister dans une opinion que ses meilleurs défenseurs n'ont pu soutenir? C'est précisement parce que toutes ces absurdités sont inséparables du contrat social que je soutiens que le contrat social *est absurde dans ses préparatifs, extravagant dans le contrat, impossible dans la législation, impraticable dans la constitution, terrible dans ses essais, faux dans tous ses principes, désastreux pour toutes les formes de gouvernemens etc.* *)

---

*) Tout le monde connoit le contrat soc. de *J. J. Rousseau* et ses discours *sur l'économie polit. et l'origine de l'inégalité*. C'est l'édit. de Neufchâtel dont nous nous sommes servis. De tous les auteurs qui ont écrit en faveur des conventions, cet homme célebre est très certainement celui qui a le mieux posé le problème et développé toutes les conditions. Qu'on y réfléchisse tant qu'on le voudra, on verra que tout ce qu'il exige pour le contrat social, *la dispersion, la*

§. I.

Absurde dans ses préparatifs.

1. Je dis d'abord que le contrat social est *absurde dans ses préparatifs :* car pour réserver aux peuples l'honneur de se donner un jour des gouvernemens, il faut empêcher de toute nécessité qu'il ne se forme des gouvernemens, jusqu'à ce qu'il y ait des peuples. Pour cela, depuis la première occupation de chaque pays jusqu'à ce que les peuples soient totalement formés, c'est à dire pendant le cours soutenu de plusieurs siècles, à mesure que les enfans viennent

la reunion, *la division de chaque personne en deux,* la convocation de tout le peuple, *l'unanimité des suffrages,* on verra que tout cela est indispensable. Si l'on veut attribuer aux peuples la formation primitive des gouvernemens, tout ce que ce fameux écrivain exige, il faut de toute nécessité l'exiger avec lui, tout ce qu'il suppose, il faut de toute nécessité le supposer avec lui, toutes les absurdités qu'il dévore, il faut de toute nécessité les dévorer avec lui, toutes les subtilités et les abstractions dans lesquelles il se jette, il faut de toute nécessité s'y jetter avec lui. Le

au monde, il faut, non seulement leur défendre de vivre en société, mais pour qu'ils
ne puissent pas y vivre, il faut briser tous
les liens sociaux, détruire la chaîne des autorités, renverser cet edifice superbe où tout
est subordonné par la succession de la génération elle seule. Cette première entreprise
a quelque chose d'effraiant, ce n'est pas à
coup de plume qu'on vient à bout de détruire l'ouvrage indestructible de la nature. Mais
comme il est impossible de parvenir au contrat social sans opérer cette destruction, et
qu'on avoit pris le parti de réaliser le contrat social, de nouveaux titans ont osé re-
nouveller contre cet ouvrage éternel l'attaque la plus furieuse qui ait été tentée depuis le commencement du monde, et *J. J.
Rousseau* plus audacieux que tous ses pré-

---

systéme est absolument le même pour tous ceux
qui veulent placer l'origine des gouvernemens dans
les conventions des peuples. En parlant à *J. J,
Rousseau*, je leur parle à tous : en réfutant *J. J.
Rousseau*, je les réfute tous. La réfutation du
contrat social de *J. J. Rousseau*, (soit dit une
bonne fois pour toutes) est la réfutation de tous
ceux qui prétendent que, dans l'origine, ce sont les
peuples qui sont convenus entr'eux d'une forme
de gouvernement. Cette convention est physiquement et radicalement impossible.

décesseurs, aux risques d'être foudroié avec
eux, n'a pas balancé de se mettre à la tête
de cette téméraire entreprise.

Pour effacer jusqu'aux vestiges de la
subordination parmi les hommes, il eût fallu briser les liens sociaux dès l'instant de
la naissance, et pour peu qu'on lise avec
attention le discours sur l'origine de l'inégalité, on voit que c'étoit là le voeu de l'auteur antisocial. Mais sentant l'impossibilité
absolue d'une séparation aussi brusque, il
céde malgré lui aux ordres nécessaires et ir-
résistibles de la nature. Pour ne pas trop
révolter son lecteur dès le début, il consent,
non sans peine à laisser un instant les enfans nouveaux nés sous la dépendance de
père et mère: encore, pas toujours. Dans
ses accès de mauvaise humeur, il n'y a que
la mère qui reste: le père disparoit, s'il le
veut, quand il a satisfait ses desirs. *)

Quoiqu'il en soit, l'autorité de courte
durée qu'il veut bien accorder aux parens
lui coûte infiniment, et l'impatience qu'il a
de la voir finir est extrême. Aussitôt que
les enfans sont en état de se traîner, il faut
que toute liaison cesse, il leur défend de
vivre en famille, et comme il seroit impossible de les réunir un jour si on ne les dis-

---

*) Origine de l'inégalité p. 52.

persoit pas, il leur signifie très décidement
l'ordre irrévocable du départ. Envain repre-
sentent ils leurs besoins, le danger des bêtes féroces, ce qu'ils doivent à leurs parens,
leurs passions, les passions des autres et
mille autres raisons qui les obligent de rester sous la protection de leurs chefs naturels! . .. *Pour les besoins*, il ne voit pas
pourquoi un homme auroit plus besoin de son
semblable qu'un loup d'un autre loup. *) *Pour*
les dettes, il n'en parle pas. .. Dès qu'il n'y
avoit pas de propriétés dans l'état de pure
nature, le pain que les pères donnoient à
leurs enfans n'étoit pas leur pain, leurs
soins n'étoient pas leurs soins et leur travail n'étoit pas leur travail. . . Pour les passions, *Rousseau* emploie quarante pages à
prouver que, dans l'etat de pure nature,
il n'y en avoit pas, ou que du moins il ne
devoit pas y en avoir. ... Il n'y a donc
point à raisonner: pour pouvoir s'associer
un jour, il faut commencer par se disperser. Aussitôt qu'on est en état de marcher
il faut que la dispersion se fasse. **)

Voilà la première opération préparatoi-
re qu'exige le système du contrat social:
et cette opération est indispensable pour tous

---

*) Pag. 3.

**) Depuis la pag. 3. jusqu'à 36.

ceux qui admettent la supposition des conventions. Car si, dès l'origine, les hommes
étoient unis par les liens de la nature, à
quoi bon vouloir ensuite les réunir par des
contrats? s'ils avoient un chef universel, dès
l'état de famille, qu'a-t-on besoin d'attendre
la formation des peuples pour leur en donner un? pourquoi les laisser plusieurs siècles dans l'anarchie, s'ils ont eu des autorités dès le premier jour? enfin si les sociétés étoient toutes faites, à quoi bon des associations? il est clair que dans cet arrangement le contrat social tombe de lui même.

Laissant donc de côté tous les faits, tou-
tes les histoires, tous les auteurs judicieux,
qui, dès la première occupation de chaque
pays, nous montrent les hommes reunis,
sous le gouvernement de leur père universel, *J. J. Rousseau*, après avoir séparé les
familles, chassé les enfans, méconnu toutes
les autorités, disperse complettement tous
les hommes au milieu des bois, et transpor-
tant rapidement son lecteur avec les bêtes,
pour lui montrer le succès de sa première
opération, il lui fait voir une foule de petits enfans jouans avec les tigres, et une
multitude innombrable d'hommes sauvages
sans pain et sans azile, broûtans l'herbe et
vivans de racines, *les plus libres, les plus*
heureux, les plus indépendans du monde, qui
sont descendus les uns des autres sans être

en aucune façon subordonnés, et qui se sont
élevés les uns les autres sans s'être jamais
ni vus ni connus. Nous prouverons ailleurs
l'impossibilité physique de ces dispersions;
nous nous contentons ici d'en faire sentir
l'absurdité, et elle doit paroître complette. *)

II. Cette première opération finie, il en
vient une seconde; car voilà l'embarras.
D'après l'institution seule de la nature, il
est impossible aux hommes de se passer de
gouvernemens. Aussitôt que les liens naturels sont brisés, il faut promptement en for-
ger de nouveaux; aussitôt que les autorités
naturelles sont méconnues il faut prompte-

---

*) *Rousseau, Pufendorf* et autres partisans des
conventions conviennent franchement qu'ils n'ont
pour eux aucune histoire ni aucuns faits (*Orig.*
de l'inégal. p. 3. *Pufendorf lib.* 7. *cap.* 2.)
Mr. de Montesquieu en est aussi très surpris,
et n'en convient pas moins: il répéte, à chaqne
pas, que *cela est singulier.* . . La raison en est
cependant bien simple: c'est que l'histoire ne peut
pas parler de ce qui n'exista jamais. Tous les
hommes qu'on a pu découvrir, même les plus sauvages, vivent en familles: ces familles forment
des villages; ces villages ont leurs anciens, leurs
senieurs ou seigneurs. Il n'y a dans tout cela ni
dispersion ni indépendance.

ment en rétablir d'autres: l'état d'anarchie
absolue est tellement incompatible avec la
constitution essentielle de l'homme, comme
nous aurons lieu de le prouver un jour, que
loin de pouvoir y rester deux siècles, les
habitans d'un même pays, n'eûssent jamais
pu y rester deux jours.

Après avoir dispersé les hommes en
idée, il faut donc promptement les rappeller; et c'est ce que notre auteur va faire.
En conséquence, après avoir transporté son
lecteur au milieu des bois pour lui montrer
le succès de sa première opération, *J. J.
Rousseau* le transporte rapidement dans une
vaste plaine pour assister à la seconde. Là
d'un coup de sifflet, rassemblant tous les sauvages qu'il avoit magiquement dispersés, le
voilà, en un instant, entouré d'une multitude
infinie d'hommes indépendans qui vont rentrer dans la dépendance: et tout cela encore
une fois est indispensable dans le système
des conventions.

Seconde opération non moins étonnante
que la première: car, si tous les hommes
s'étoient accordés d'abord à se disperser,
par quel délire inconcevable vont ils maintenant s'accorder à se réunir? si ces sauvages étoient si libres, si heureux, si indépendans dans les bois, pourquoi les tirer de
cet état délicieux? comment des hommes
qui se sont séparés par inclination pour être

libres, viendront ils se réunir de nouveau
pour se soumettre à des loix, à des châti-
mens, à une subordination qu'ils ont voulu
fuir ? quelle absurdité plus inconcevable que
cette série de suppositions! car enfin, ou
l'état d'indépendance eût été pour l'homme
le plus affreux de tous les états, comme
le disent unanimement tous les bons auteurs:
et dès lors les hommes ont dû se tenir réunis
sous leurs chefs naturels, et c'est une absurdité de les disperser... Ou cet état d'indépendance fut pour les hommes le plus délicieux de tous les états, comme le veut *J. J.
Rousseau:* et dès lors, c'est une absurdité
de les réunir... Quelque parti que prennent
les adversaires, il leur est impossible d'arriver aux portes du contrat social sans dévorer les absurdités les plus grossières.

III. Mais enfin, puisqu'on n'a dispersé
les hommes que pour en venir au contrat social, supposons les hommes dispersés, multipliés depuis plusieurs siècles, et enfin ras-
semblés dans une vaste plaine, prêts à contracter et à se donner un gouvernement. Les
premières opérations accordées, on compte
peut être celle du contrat pour rien! ...
C'est sans contredit la plus difficile de toutes.

En effet, comment s'y prendra-t-on? ..
si, pour procéder à cette grande association
on propose tout simplement de se donner
des chefs et de jurer de leur obéir... *J. J.*

Rousseau s'écriera : que ce n'est pas là un contrat social. ,, Si vous donnez des maîtres
,, au peuple, dit cet auteur, le peuple
,, cesse d'être souverain. Il est absurde et
,, contradictoire que le souverain se donne
,, des supérieurs. " Et *Rousseau* a raison.
Qu'on fasse donc bien attention qu'il est de
l'essence de tout souverain d'être *universel.*
Si personne ne l'est individuellement, il faut
que tout le monde le soit. Pour l'esprit attentif, ce raisonnement de *J. J. Rousseau,*
quand il seroit encore mal approfondi, n'en
est pas moins incontestable. *)

Au lieu de se donner des chefs, propo-
sera-t-on de se donner *des représentans?* . .
J. J. Rousseau ne sera pas moins indigné de
cette proposition. . . " A l'instant qu'un peu-
,, ple se donne des représentans, replique
,, cet auteur, il n'est plus libre, il n'est plus.
,, La souveraineté ne sauroit être représen-
,, tée, par la raison qu'elle ne sauroit être
,, aliénée. Les députés d'un peuple ne sont,
,, ni ne peuvent être les représentans. " Et
Rousseau a encore parfaitement raison. Si
je donne à un autre la commission de gouverner pour moi, il est clair que ce n'est
plus moi qui gouverne ; et, si je ne gouverne pas, le souverain n'est pas *universel.* **)

---

*) Contr. soc. liv. 2. chap. 1. et livr. 3. chap. 16.
**) Li 3. ch. 15. et liv. 4. ch. 2.

Comment donc s'y prendre? propose-
ra-t-on de s'en rapporter à l'avis de la majorité? ... J. J. *Rousseau* ne s'y opposera
pas avec moins de vigueur. *Partout où le
peuple promet simplement d'obéir, il se dis-
sould!* .. tout cela est très vrai. Si la minorité promet simplement d'obéir à la majorité, c'est la majorité qui sera souveraine,
la minorité ne le sera plus, et le souverain
ne sera pas *universel:* tous ceux qui croient
faire un contrat social, en s'y prenant de toutes ces manières, n'en ont pas la 1ere idée. *)

IV. Mais enfin, dira-t-on, pour contracter il faut de toute nécessité deux parties?
oui sans doute. — Il faut donc séparer le
peuple en deux parts! — il faut bien s'en
garder. Si vous séparez le peuple en deux
parts, chaque part ne sera pas *universelle*,
et il faut que chacune le soit, sans quoi le
gouvernement n'existera pas. — Que faut-il
donc faire? le voici.

---

*) Liv. 2. ch. 1. *Nota.* Si personne n'a *la souveraineté universelle* par droit de nature, il faut
qu'elle soit *dans l'universalité.* Ainsi si personne ne l'a individuellement, il faut que tout le monde l'ait collectivement, et qu'elle se compose de
la cession de tous les individus.

§. II.

Extravagant dans le contrat.

I. „Trouver une forme d'association qui
„ défende et protége de toute la force com-
„ mune la personne et les biens de chaque
„ associé, et par laquelle chacun s'unissant
„ à tous, n'obéisse pourtant qu'à lui même,
„ et demeure aussi libre qu'auparavant. *) "
„ Il faut arranger les choses de manière que
„ le contrat une fois passé, chaque membre
„ de l'association soit en même tems *sujet*
„ *et souverain, gouvernant et gouverné, dé-*
„ *pendant et cependant indépendant; qu'il*
„ *obéisse et que personne ne commande, qu'il*
„ *serve et n'ait point de maître.* **)

Quoi! . . chaque individu *sujet et sou-*
verain! . . toute la nation *gouvernante* et
toute la nation *gouvernée!* . . Tout le monde
d'un côté et tout le monde de l'autre! . .
voilà les deux parties du contrat! . . .

II. Si jamais le calme succéde à l'ora-
ge, le repos à l'agitation et la réflexion au
délire. Si jamais l'univers sauvé du bouleversement affreux où il a pensé périr, sort

---

*) Cont. soc. liv. 1. chap. 6.

**) Econom. polit. pag. 363.

enfin de dessous ses ruines, et qu'on puisse
respirer en paix, on ne concevra pas comment on a pu adopter si généralement une
pareille extravagance! . . . car enfin, il ne
s'agit pas ici de croire un dieu en trois personnes : ce qui n'est qu'un mistère : il s'agit
de croire une personne en deux personnes,
où que deux personnes n'en font qu'une, ce
qui est une absurdité. Je sais très bien que
dans le systême du contrat social, cette séparation de chaque personne en deux personnes est indispensable ; je sais très bien
que les défenseurs des conventions ont raison de l'exiger ; je sais très bien que sans
elle, jamais aucun peuple ne pourra se donner des gouvernemens, parce que sans elle,
les deux parties du gouvernement ne seroient
pas *universelles*, et il faut de toute nécessité
qu'elles le soient. Qu'on ouvre les ouvrages de tous les conventionnels qui savent
raisonner, on y verra figurer ces deux personnes. Qu'on lise *Pufendorf* sur la génération du gouvernement civil, on y trouvera
ces deux personnes. Qu'on parcoure le contrat social *de J. J. Rousseau*, on y retrou-
vera ces deux personnes résultant de la séparation individuelle de chaque personne.

III. Et parce que ces auteurs se servent
du terme *de distinction morale des personnes*,
qu'on ne croie pas qu'ils n'entendent par là
qu'une séparation idéale, qu'une simple ab-

straction d'esprit... Outre que la séparation d'une personne en deux personnes est
une extravagance même en idée, il est ma-
nifeste qu'il n'est point ici question d'un
contrat idéal qui doive se passer dans la
région impalpable des esprits; il s'agit du
plus physique et du plus solemnel de tous
les contrats, puisqu'il s'agit de l'association
d'une nation toute entière. Dans un pareil
contrat, une distinction idéale ne produiroit
rien; il faut de toute nécessité deux parties
très réelles et très distinctement séparées. Il
faut *un souverain universel* qui ait des droits
très réels d'un côté; et *une nation univesel-
le* qui s'oblige très phisiquement à lui obéir
de l'autre. Or, puisque dans votre collection d'hommes égaux, il n'y a pas encore
de souverain universel, qu'il s'agit d'en former un; d'où le tirerez vous ce souverain?
sera ce de l'universalité des personnes? dès
lors il faut une séparation universelle des
personnes. Sera-ce simplement des volontés?.. dès lors il faut une séparation universelle des volontés: et il faut que cette
séparation soit bien réelle et bien positive,
sans quoi les deux parties du gouvernement
seroient illusoires. *)

---

*) Une réflexion bien aisée et qui eût fait voir d'un
    seul coup, combien il est impossible qu'une na-

IV. Aussi, quand on ne s'en tient pas
à l'écorce, qu'on se donne la peine de pe-
ser les sens des mots, il est évident que, sous
ces expressions *de distinction morale*, les défenseurs des conventions n'entendent pas une
séparation idéale ni une vaine abstraction
d'esprit; c'est une séparation bien réelle et

---

tion se donne des gouvernemens, c'est que la
volonté est une simple modification inséparable de
l'ame qui veut. Avec ma volonté je peux donner
mon bien à un autre, et alors je lui donne quelque chose; mais donner ma volonté, cela est impossible. Quand on n'a rien à donner, la volonté
ne donne rien. Celui qui n'a pas *la souveraineté*
ne sauroit la donner quand il auroit la meilleure
volonté du monde. Or, dans une assemblée d'hommes égaux, personne ne l'a, *la souveraineté*,
donc personne ne peut la donner. Delà l'impossibilité absolue de former *la personne morale* de
toutes les personnes particulieres, *la volonté générale* de toutes les volontés particulieres; *la souveraineté* de toutes les signatures particulieres. Encore une fois, avec ma volonté je ne donne rien;
et si un souverain n'avoit pas la souveraineté par
droit de nature, jamais une nation toute entière ne
pourroit la lui donner par ses volontés. Une souveraineté composée de volontés est une souveraine
extravagance.

bien positive de chaque volonté qu'ils exigent. C'est une séparation bien réelle et bien positive, qu'ils exigent, puisque, de la seule portion de volontés que chaque individu remet en commun, il résulte *une véritable personne publique, un corps colletif qui a son moi commun, sa volonté et vie :* c'est une séparation bien réelle et bien positive, puisque cette seule partie de volontés individuelles destinées à faire la loi, ils l'appellent *la volonté générale, le souverain et le legislateur :* c'est une séparation bien réelle et bien positive, puisque, *sous la suprême direction de cette volonté générale, chaque associé s'aliène tout-entier et remet en commun sa personne, ses biens et toute sa puissance* *) Comment chaque associé, après s'être aliéné tout entier pour composer la personne du souverain, se retrouve-t-il encore tout entier sous la direction du souverain? c'est évidemment par le moyen de la séparation bien réelle et bien, positive, toute incompréhensible qu'elle est, de chaque personne en deux personnes. . . . Enfin c'est une séparation bien réelle et bien positive qu'ils exigent, puisque par cette séparation, chaque individu devient bien réellement et bien positivement dans le même tems, *membre du souverain et membre de l'Etat, dépendant et cependant indépendant,*

---

*) Cont. soc. liv. 1 chap. 6. Pufendorf Lib. 7. cap. 2.

obéissant d'une part et maître de l'autre . . .
séparation si réelle et si positive, que lorsqu'elle est faite, *chaque individu peut avoir*
comme homme, une volonté particuliére con-
traire et tout à fait dissemblable à la volonté
générale qu'il a comme citoyen. . . . Deux volontés contraires et tout à fait dissemblables
dans chaque individu, sur le même objet! .
Voilà qui s'entend. . . . certes, ce n'est pas là
une distinction idéale: c'est une division bien
réelle et bien positive de chacune des volontés *)

V. Quand on a convoqué des assemblées
electorales, qu'on a nommé des Chefs et des
députés, on croit avoir fait un gouvernement! . . La vérité est que la gouvernement
n'est pas encore commencé, Pourquoi cela?..
parce que, *dans un peuple composé d'hommes*
égaux, personne n'aiant la souveraineté par
droit de nature, personne ne peut la donner
sans l'acession de la nation toute entiére.
Quand vous auriez pour vous le voeu de
tous les electeurs, quand vous auriez pour
vous la majorité de la nation, *Pufendorf*,
Rousseau, tous les défenseurs eclairés des
conventions vous disent hautement que cela
ne vous suffit pas: il vous faut l'universalité
de la nation toute entiére. Tout dépend de
là. En fait d'actes publics, si vous êtes choisi

---

*) Cont. soc. Liv. 1. chap. 7.

pour gouverner, tout ce que vous ferez avec cette universalité sera valide : tout ce que vous ferez sans cette universalité sera invalide et tout ce que vous voudrez sans cette universalité sera radicalement nul. Puisque l'universalité est de l'essence de la souveraineté et que vous composez la souveraineté de volontés, si cette universalité cesse un instant, la souveraineté s'évanouit: s'il y manque une seule volonté, la souveraineté n'éxiste point encore ou n'existe plus. Cette seule observation fait trembler!... cependant d'après les principes des adversaires eux mêmes, elle n'est pas moins incontestable.... Avez vous opéré le premier prodige ? avez vous réuni *l'universalité des volontés* sur la tête de celui qui est chargé de gouverner? il en reste un second, il faut voir si *l'universalité des volontés* est restée du côté de la nation qui doit obéir; sans cela les deux parties *universelles* du gouvernement n'y seront pas.

VI. Pour former un gouvernement, *avec un peuple composé d'hommes égaux*, il ne suffit donc pas de nommer un chef, le grand embarras c'est d'en faire un souverain, le grand embarras c'est de lui donner des pouvoirs; le grand embarras c'est de lui donner sa volonté, c'est de lui aſſurer cette volonté universelle, constante et perpétuelle, sans laquelle la souveraineté n'existe plus. La difficulté n'est pas d'élire, ce n'est pas de nommer; la grande difficulté c'est de former *la personne publique* de toutes les personnes particuliéres, sans altérer en rien les personnes particuliéres ; c'est de composer *la volonté générale* de toutes les volontés individuelles, en laissant cependant à chacun sa volonté individuelle. Enfin la grande difficulté, c'est de séparer la volonté de chaque associé en deux parts, de faire d'une seule universalité deux universalités, de maniére que la volonté de chaqun soit toute entiére d'un côté et toute entière de l'autre: voilà la séparation qu'exige *Pufendorf*, qu'exige *J. J. Rousseau* et que la raison seule exige avec eux. Si cette séparation étoit possible, on pourroit concevoir, absolument parlant, comment des peuples composés d'*hommes égaux* purent autrefois se donner des gouvernemens, comment ils pourroient encore s'en donner de nos jours... Si cette séparation est impossible, jamais ils ne purent s'en donner autrefois et jamais ils ne pourront s'en donner à l'avenir, puisque, sans cette séparation, jamais le gouvernement n'aura ses deux parties universelles. *)

---

*) Toutes les comparaisons qu'on lit dans Pufendorf: le soleil qui séche, qui échauffe, qui endurcit un terrain, le mélange de plusieurs voix qui produit un concert, loin de prouver la pos

VII. Ceci posé, toute la question de ce contrat fameux par lequel on affirme si positivement que tous les peuples se donnerent autrefois des gouvernemens, se reduit à un point bien simple: c'est de savoir si *cette séparation morale des personnes* qu'on a si généralement adoptée est possible ou si elle ne l'est pas? . voilà, avant tout, ce qu'il eût été bon d'approfondir. Car enfin, si, après avoir renversé les anciens gouvernemens, on venoit à découvrir l'impossibilité absolue d'en faire de nouveaux: si, après avoir voulu se donner des souverains, on venoit à s'appercevoir qu'on n'a pas de souverains, si ceux qui gouvernent, venoient à découvrir qu'ils n'ont ni la souveraineté, ni aucune autorité, ni aucuns pouvoirs; qu'il leur est impossible d'en avoir aucuns d'après leurs propres principes, puisque la volonté du

---

sibilité *de la personne morale*, en prouvent l'impossibilité; dans le concert, chaque individu ne produit pas deux voix à la fois: dans tous ses effects le soleil ne produit pas à la fois deux effets distincts. Il en est de même de l'ame et de toute autre cause en général. L'ame ne peut pas produire à la fois dans chaque individu, deux volontés distinctes et souvent opposées, comme on le suppose dans ce système. Tout cela est physiquement et moralement impossible.

peuple qu'ils prétendent avoir, est indivisible et conséquemment incommunicable; si les
défenseurs, les plus ardens du contrat social
étoient convenus eux mêmes de cette impossibilité, qu'auroit on fait? . . on auroit cou-
vert l'univers de ruines, sans aucun espoir de
rien rétablir *)

---

*) Ceux qui sont nommés par le peuple pour gou-
verner, ne peuvent-ils donc jamais devenir
souverains? ce n'est point là ce que nous disons.
Nous ne disons point qu'ils ne peuvent jamais
devenir souverains; mais nous disons qu'ils ne
sauroient jamais devenir souverains par le moïen
des peuples: nous ne disons point qu'ils ne sauroient recevoir la souveraineté avec le tems ; mais
nous disons qu'ils ne pourront jamais la recevoir
des peuples, que cela est de toute impossibilité,
puisque le peuple ne sauroit donner sa volonté,
et qu'il n'a que cela à donner. . . De qui donc la
recevront-ils? quelle est cette autre partie universelle du gouvernement qui possède la souveraineté et qui peut la conférer? nous avons
promis de la dire dans la 2e partie, et nous le
dirons: sa souveraineté ne vient point du peuple
et il est impossible qu'elle en vienne. Voilà tout
ce que nous avons à prouver dans cette partie.
Nous refutons les erreurs: la vérité viendra après.

Or, *J. J. Rousseau*, après avoir exigé, *la division morale des personnes*, finit par établir l'impossibilité de cette division ; après avoir exigé *la division des volontés* pour former la souveraineté, il finit par convenir de l'impossibilité absolue de diviser les volontés ; il reconnoit formellement dans un autre endroit: „ que l'ame étant essentiellement indivisible et la volonté étant essentiellement une, *elle ne peut être ni divisée, ni aliénée, ni déléguée, ni représentée. La volonté est la même ou elle est autre : il n'y a pas de milieu*, ajoute-t-il. " On sait bien que successivement et relativement à divers objets, elle change et varie; mais quand elle change, elle change toute entière, et relativement au même objet elle est inséparable. Quand l'ame veut la loi; elle veut toute entière: quand elle s'y refuse, elle s'y refuse toute entière: ce n'est ni la moitié, ni le tiers de notre âme qui veut ou ne veut pas. On ne voit donc pas comment chaque particulier pourroit mettre une partie de son âme à faire la loi, l'autre à obéir; une partie du côté de la majorité, l'autre du côté de la minorité. On n'apperçoit pas le moien, avec la même volonté de former la volonté *de la personne publique* et la volonté *de la personne privée*, la volonté *du sujet*, et la volonté *du souverain*, la volonté *d'homme* et la volonté

du citoyen toute opposée a celle de l'homme *)

VIII. Il y a plus , comme il n'est pas
seulement question de former un souverain

---

*) Cont. soc. liv. 3. ch. 15. Je sais bien que pour
faciliter les conventions, *Pufendorf* et tous les auteurs sensés ne font assembler que les pères de
famille , probablement même que les grand pères
et les grands chefs de chaque branche, et effectivement, il n'y a jamais eu que ces grands chefs qui
se soient assemblés. Mais ce ne fut *ni pour créer
la souveraineté, ni pour produire une personne
morale*, qu'ils s'assemblèrent. Car 10. pour que
la personne morale fut complète, comme le dit *J. J.
Rousseau*, il faudroit que toutes les volontés y
fussent, et que tout le monde y consentit , sans
quoi la souveraineté ne seroit pas universelle, 20.
La volonté, comme l'observe fort bien *J. J. Rousseau*, étant essentiellement indivisible, les peres ne
peuvent pas plus diviser leur volonté en deux
parts , que leurs enfans. Ainsi ils ne peuvent pas
plus qu'eux créer la souveraineté , ni produire une
personne morale même incomplète. Si la souveraineté se composoit de volonté , jamais ni les peres
ni les enfans, ni les grands chefs n'eussent pû ni
la créer , ni la conférer. Heureusement , ce n'est
point tout cela, comme nous le verrons *dans la
2e. partie.*

Tome I.   L

spirituel, mais encore un souverain corporel
et civil qui ait action corporelle sur chacun
des associés ; si l'on vouloit composer une
véritable personne publique dont chaque particulier fût membre, il ne suffiroit pas de
diviser son âme, il faudroit encore diviser
son corps en deux parts, une que l'on remet-
troit du côté du législateur, l'autre du côté
du sujet, afin de former non seulement *une
volonté générale*, *mais un corps général*, sous
la direction duquel toutes les autres parties
bien vivantes resteroient soumises. . . . . Ce
n'est pas tout, comme le souverain doit avoir
des droits universels, non seulement sur les
personnes, mais sur tous les biens, il faudroit également diviser chacun de nos droits
en deux parts, pour en donner une au corps
général, et l'autre au corps individuel, sans
quoi le souverain n'auroit pas droit de su-
prématie sur chaque partie des nos biens.

　　IX. Voilà cependant la série d'extravagances où se trouveront entraînés malgre eux
tous ceux qui placent l'origine des Gouvernemens dans les conventions des peuples. Dès
que leur souverain conventionnel n'a, par lui
même, aucun droit sur ses associés, il faut
de toute nécessité prendre dans chaque associé le droit qui lui manque, composer la personne publique d'une portion de chaque personne particulière, la volonté publique d'une
portion de chaque volonté particulière, et le

droit public d'une portion de tous les droits.
Pufendorf et J. J. Rousseau y avoient bien réfléchi: avec une collection d'hommes égaux,
il n'y a pas d'autre moyen de composer les
deux parties des gouvernemens... mais comment séparer les âmes, les volontés et chacun de nos droits en deux? . . Il est visible
que jamais cette opération ne s'est faite et
qu'elle ne se fera jamais. Donc jamais, il n'y
eut de contrat social. Donc jamais, les peuples
n'ont pu conférer la souveraineté: donc, en
supposant même les hommes égaux en droits,
jamais aucun peuple n'a pu se donner des
gouvernemens.

---

§. III.

Impossible dans la Législation.

1. Puisque cette séparation individuelle de
chaque personne est impossible, il faut donc,
si l'on veut former deux parties, que les uns
soient tout entiers d'un côté, les autres tout
entiers de l'autre; les uns tout entiers faisant
la loi, les autres tout entiers la recevant;
les uns tout entiers *membres du souverain*,
les autres tout entiers *membres de l'état*. Si
l'on veut procéder à la formation d'un gouvernement quelconque, c'est là ce qui doit

nécessairement arriver , et c'est là effectivement ce qui est arrivé dans tout les païs où
l'on a voulu faire des conventions. Dans la
supposition même qu'on pût venir à bout
d'assembler une nation toute entière, On la
verroit toujours, dans le résultat, se diviser
en deux parties très distinctes et très opposées, *la majorité d'un côté et la minorité de
l'autre :* et dans chacune de ces deux parties,
ce seroit bien des hommes tout entiers avec
leur âme, leur corps , et leur volonté toute
entière qui s'y trouveroient. De manière que,
par le résultat inévitable de cette association ,
chaque individu se trouveroit soumis tout entier à la décision de la majorité, qui le con-
traindroit malgrè lui à obeir, quand bien
même il ne le voudroit pas.

II. De manière qu'après tout un volume
de sophismes et tout le galimatias inintelligible *de l'aliénation totale de chaque individu
sous la suprême direction de la volonté générale*, il se trouve, qu'en supposant même
l'assemblée générale de la nation, cette volonté générale, à laquelle chacun s'obligeroit
à obéir, se réduiroit *à la volonté du plus grand
nombre ;* que la loi qui résulteroit d'une pareille association seroit tout simplement *la
décision du plus grand nombre ;* que le maître,
que chaque individu se donneroit , seroit dé-
finitivement *le plus grand nombre ;* et que cette
aliénation totale de chaque individu à toute

la communauté, seroit, pour dernier résultat, l'assujettissement total de chaque individu *à la volonté du plus grand nombre.*

Je n'ose prévenir d'avance chaque membre du peuple du résultat terrible d'une pareille association; tout ce que je peux dire pour l'instant, c'est que le gouvernement est manqué, et qu'avec des mots équivoques, on se joue manifestement de tous les peuples de l'univers; car si, dans le résultat, *la volonté générale* ne se trouve plus être la volonté générale, mais seulement *la volonté du plus grand nombre*, voilà bien des volontés qui en sont exclues: voilà parmi le peuple une prodigieuse quantité d'individus qui ne sont plus de la législation, qui ne font plus partie du souverain: donc, le souverain n'est pas *universel*: donc, il n'y a plus de souverain, puisque l'universalité est de l'essence de l'autorité souveraine: donc, la loi n'est pas, comme vous le dites, l'expression de la volonté générale, c'est tout au plus *la volonté du plus grand nombre.*

III. Mais maintenant quel droit a le plus grand nombre sur le plus petit: où a-til pris le pouvoir de lui faire la loi? *dit Weishaupt.* Parce qu'il est impossible de réunir l'universalité des volontés sur chaque loi, vous décidez dans votre tribunal que les loix passeront *à la Pluralité*... Ceci est fort bien: mais puisque la loi, dans votre sistême, ne peut devenir *universelle* que *par universalité des volontés*, et qu'il y a près de la moitié des associés qui ne la veulent pas, où est la possibilité que la pluralité fasse les loix? puisque, dans votre sistême, le législateur n'a pas de pouvoirs universels par lui même, d'où voulez vous qu'il les tire, sinon de *l'universalité des volontés?* qu'on cherche la réponse dans *Pufendorf, Aelien, Rousseau et* dans tous les meilleurs défenseurs du contrat social, on ne l'y trouvera pas! *)

IV. *Rousseau* réduit tout le sistême des conventions *à la volonté générale.* Selon lui, c'est la volonté générale divisée en deux parts qui forme les deux parties du gouvernement, c'est la volonté générale qui constitue la souveraineté, c'est la volonté générale qui constitue le pouvoir legislatif: c'est la volonté générale qui fait tout: et il a raison: une

---

*) „Un peuple législateur! et de quel droit, monstre?
„ s'écrie *Weishaupt.* Quel privilégé a ce peuple
„ et sa majorité de me soumettre, moi? est-ce là
„ le droit de la nature "? (*Weishaupt à Zwach*)
selon *Weishaupt,* jamais aucun peuple n'a pu
se donner ni lois, ni chefs, ni souverains: et il
a raison, de là il conclut que les hommes sont indépendans, qu'il n'y a ni lois, ni chefs, ni souverains: et il a tort. Avant qu'il existat des peuples, il y avoit des lois et des souverains.

seule volonté de moins, il n'y a plus rien,
puisqu'il n'y a plus *d'universalité*. Mais où
a-t-on pris que *la pluralité* des volontés est
l'universalité des volontés? .. Voilà donc,
en raisonnant d'après les principes de ces
auteurs eux mêmes, tous les peuples de l'u-
nivers dans l'impossibilité physique et absolue, non seulement de se donner des gouvernemens, mais dans l'impossibilité physique et absolue de faire une seule loi, dans
aucun tems, dans aucune circonstance et
dans aucun pays. Quand il seroit possible
de bien constater le voeu de la pluralité de
la nation, quand il seroit possible de bien
connoître sur chaque loi la volonté du plus
grand nombre, il est impossible que ce grand
nombre fasse la loi; et s'il est impossible
de trouver dans chaque associé de quoi composer le souverain conventionnel, on le
trouvera encore bien moins dans une portion du peuple. Plus nous avançons, plus
le système devient effrayant.

V. Mais actuellement, le moyen de connoître la volonté du plus grand nombre? c'est
ce qui ne paroît pas si facile. Car, pour
connoître la volonté du plus grand nombre,
il faut de toute nécessité rassembler la nation toute entière. Et quand je dis la nation
toute entière, j'entends *l'universalité des individus*; et quand je dis l'universalité des
individus, je ne vois pas comment on pour-

roit en excepter les femmes. Car si, comme
on le suppose, les lois et la souveraineté ne
sont autre chose qu'un composé *de volontés*,
quel déficit immense si la volonté des femmes n'en est pas? sans cette moitié de la nation, il est visible que l'assemblée sera im-
puissante, que le souverain ne se formera
jamais: autre nullité et autre impossibilité
du contrat social.

VI. Mais quand on pourroit jamais con-
sentir à cette exclusion immense de volontés; quand, par impossible, ce corps général
que l'on nomme nation, auroit, sans les
femmes, la faculté extraordinaire d'engend-
rer *le souverain, la constitution et toutes
les lois*, toujours est-il vrai que, pour produire
chaque loi, il faudroit le concours de toutes les volontés mâles. Pour connoître la
pluralité des suffrages sur chaque loi, il
faudroit sur chaque loi rassembler tous les
individus mâles, sans en excepter un seul.
Or cela est-il possible? où cela se pratique
t-il? . . J'ignore si c'est parce que la chose
est impraticable, ou parce qu'on ne le veut
pas. . . Tout ce que je sais, c'est que dans
aucun état, quelque petit qu'il soit, jamais
on n'a rassemblé sur chaque loi la nation
toute entière, *) et que dans presque tous,

---

*) Les peines qu'on étoit obligé de porter à *Rome*,
à *Athènes* contre les délinquans annoncent assez

on ne la rassemble point du tout. Presque par-tout c'est un assez petit nombre de députés, qui décrètent les lois *) les délibèrent et les ratifient entr'eux à la pluralité des suffrages. . . Voilà donc, en procédant à l'exécution, *notre souverain* qui se rétrécit de plus en plus. Je ne serois pas surpris, quand, en définitif, dans tous les gouvernemens où l'on voudra tenter d'effectuer le problême, *la volonté générale* de plus de vingt millions d'individus se trouveroit réduite à la volonté de quatre ou cinq cens députés. Dès lors, au lieu de définir la loi, *la volonté générale*, il faut donc commencer par la définir, même dans les démocraties, la volonté de quatre ou cinq cens députés. Mais où ces quatre ou cinq cens députés ont-ils pris le pouvoir universel de faire les lois?

VII. Je sais bien que dans tous les gouvernemens populaires, le peuple ne nomme des députés que pour manifester *la volonté générale*, je sais bien que les députés, lors de leur nomination, s'obligent par serment de s'y conformer en tout. . . De peur qu'ils

que tout le monde n'y venoit pas. Les paysans, les malades, les voyageurs le peuvent-ils? donc l'universalité des volontés est impossible.

*) *A Athènes*, c'étoit toujours le sénat qui faisoit la loi, comme nous le verrons ailleurs.

ne s'y conforment pas, il en est qui divisent
les pouvoirs législatifs en deux ou trois
corps, et s'il arrive que ce ne soit pas *la volonté générale* que l'on propose, on donne
aux dernières chambres le *Veto*, c'est-à-dire,
le pouvoir de ne pas passer à l'exécution
et d'annuller.

VIII. Tout cela est fort bien; mais pour
décréter ce qui est conforme, comme pour
annuller ce qui n'est pas conforme à *la volonté générale*, il faudroit la connoître, et
pour la connoître, il faudroit assembler la
nation toute entière. Sans quoi, toutes vos
chambres, en eussiez-vous six, ne pourront
jamais décréter que d'après leurs volontés
particulières. Il résultera de cette prétendue
division de pouvoirs beaucoup de brigues,
beaucoup de débâts, beaucoup de divisions
que le peuple payera bien cher. Après quoi
ce sera toujours le parti le plus fort, celui
qui aura le plus de ressources et de moyens
qui finira par faire ses volontés. Ce sera
le combat des taureaux dans la prairie. Quel
que soit le parti qui l'emporte, le peuple
sera toujours écrasé. Après tous ces débats,
il restera toujours vrai que la loi sera la volonté des chambres ou la volonté de ceux
qui auront gagné la pluralité des chambres:
ce ne sera *ni la volonté générale*, ni le voeu
de la pluralité du peuple.

IX. En vain dira-t-on qu'en nommant des députés le peuple leur a remis tous ses pouvoirs et qu'il a ratifié d'avance toutes les lois qu'ils porteroient. . . Cela est faux. *La nomination* n'est point du tout une institution et une investiture. Ce n'est point dans la nomination, c'est dans la législation que la souveraineté consiste, et la volonté qui nomme n'est pas la même que celle qui décrète et qui constitue. *Parce qu'un peuple nomme ses députés, il croit être souverain*, dit Rousseau, *il se trompe, la nomination passée, il est esclave.* *) Pour n'être pas esclave, le peuple ne peut donner à ses députés, après la nomination même, que le pouvoir de manifester ses volontés, et pour les manifester, il faut les connoître; et pour les connoître, il faut les consulter dans une assemblée.

X. En vain dira-t-on qu'en nommant des députés, le peuple a aliéné dans leurs mains toutes ses volontés. Cela est absurde: *La volonté*, comme le dit fort bien Rousseau, *ne s'aliène pas.* **) La nomination passée, mon député part avec sa volonté et je reste avec la mienne, et parce que mon député veut un décret, il ne s'ensuit point du tout

---

*) Contrat social. liv. 3. ch. 15.

**) Ibid.

que je le veuille: et quand je dis moi, je
parle de tous les commettans.

XI. Envain dira-t-on qu'en nommant des
députés, le peuple les constitue ses *représentans*. Cela est encore absurde, dit Rousseau.
*La volonté ne se représente pas, par la même
raison qu'elle ne s'aliène pas. Les députés
du peuple ne sauroient être ses représentans;
ce ne sont tout au plus que des commis.* *)
Certes, si vous décretez tout le contraire
de ce que je veux, ce n'est pas ma volonté
que vous décrétez. Vous ne me représentez
plus.

XII. Envain dira-t-on que les décrets
ont été publiés, lus et affichés, que *qui ne
dit mot, consent*. Cela est encore faux. Parce que j'ai des raisons pour me taire, que
je n'ose élever la voix, ce n'est pas une
preuve que je consens. Un silence forcé
n'est point du tout *un suffrage*, comme le
dit encore *Rousseau*, dont les conséquences
sort invincibles, quand on lui passe un principe faux.

XIII. Etablissez vous pour principe que
la loi est la volonté générale? dès lors pour
que le décret devienne une loi, il ne suffit
pas qu'il soit porté par les chambres; il
faut qu'il soit accepté *par le peuple en corps;*
il ne suffit pas que le décret soit examiné

---

*) Contrat soc. liv. 3. ch. 15.

par les chambres, il faut qu'il soit examiné par *le peuple en corps;* il ne suffit pas qu'il passe à toutes les chambres, il faut qu'il soit ratifié par *le peuple en corps.* *) *Toute loi qui n'a pas été ratifiée par le peuple en corps est une loi nulle, ce n'est plus une loi.* **) Envain l'afficherez vous dans tous les marchés; envain la publierez vous dans tout le royaume; envain la ferez vous enrégistrer dans toutes les municipalités; *Rousseau* vous dit que tout cela ne suffit pas; et il a raison. Pour pouvoir émettre son voeu, pour qu'on puisse compter les voix, pour qu'on puisse même connoître *la pluralité,* il faut de toute

---

*) *C'est une loi fondamentale de la démocratie, dit Montesquieu, que le peuple-seul fasse les lois.* Voilà qui est clair. Cependant comme il en voit l'impossibilité, il établit *une autre loi fondamentale : c'est de fixer le nombre des citoyens;* puis encore une autre: *c'est de laisser le sénat décider.* Il faut avoir *bien de l'esprit* pour concilier ensemble de pareilles contrariétés. Si l'on fixe le nombre des citoyens, ce n'est plus le peuple. Si c'est le peuple, on ne doit pas fixer le nombre. Preuve certaine que tous ces systémes sont bien embarassans. (*Esprit des loix ch. de la démocratie.*)

**) Liv. 3. ch. 15. et liv 2. ch. 2.

nécessité que le peuple soit assemblé, il faut qu'il soit libre, il faut qu'il soit interrogé *en corps*: sans quoi le décret sera le voeu des chambres, ce ne sera pas le voeu du peuple; ce sera le voeu des députés, ce ne sera pas le voeu du peuple. Il est impossible de connoître le voeu de la pluralité de la na- tion, sans assembler la nation toute entiè- re. Tous ces raisonnemens de *Rousseau* sont évidens, ils sont invincibles, ils découlent naturellement du principe dont ils sont dé- duits. *)

XIV. D'après cela, voici le raisonne- ment qui s'élève contre *Rousseau* et contre tous les partisans des conventions.

1. Jamais il n'exista de gouvernement où *l'universalité* du peuple sans exception ait voté sur chaque loi à la pluralité des suffrages.

2. Quand elle l'eût fait, *cette pluralité* n'a, par elle même, aucun pouvoir législatif sur les dissidens;

Donc, jamais aucune nation n'a pu se donner des lois et jamais aucune nation ne pourra le faire.

---

*) *Il est nécessaire que toutes les voix soient comptées.* Liv. 2. ch. 2. dans la note.

§, IV.

Impraticable dans la constitution.

I. Mais si jamais aucune nation au monde
n'a pu se donner des loix; pour s'associer et
convenir ensemble d'une constitution, c'est
encore bien pis. . . Car si pour la fabrication
des lois *J. J. Rousseau* veut bien se contenter
de la pluralité des suffrages de peuple, *)
pour l'association et la constitution, il exige
l'unanimité, et nous ne saurions nous empêcher de convenir que c'est encore une conséquence nécessaire tirée des principes eux-mêmes, que je défie qui que ce foit de lui disputer, le principe une soit admis.

II. Car s'il est vrai, comme ou le suppose, qu'avant le pacte social il n'y eût encore ni *autorité*, ni *souveraineté de droit*, que
la liberté primitive fût *une liberté d'indépendance* et que les hommes ne furent pas subordonnés les uns aux autres par l'institntion
même de la nature, il est clair comme le
jour, qu'avant le pacte social, tous les hom-

---

*) C'est une inconséquence. Lans ce systéme la loi
ne peut pas plus se passer de l'universalité que les
constitutions.

mes étoient parfaitement indépendans, et que
s'ils se sont décidés à s'associer et à se subordonner, c'est par un acte libre et spontané
de leur volonté, *en vertu de leur consentement
et de leur suffrage.* D'après cela, il est bien
clair que chacun n'entre dans le contrat que
par son consentement et son suff age. D'aprés
cela, il est bien clair que si je fais partie du
contrat, *c'est par mon consentement et mon
suffrage,* que si je me trouve compris dans
l'association, *c'est par mon consentement et
mon suffrage,* que si je contribue à la souveraineté, *c'est par mon consentement et mon
suffrage,* que si le souverain a des droits sur
moi, *c'est en vertu de mon consentement et
de mon suffrage,* que si la société a pouvoir
sur moi, *c'est par mon consentement et mon
suffrage.* C'est mon suffrage qui fait tout, et
sans mon suffrage, rien. *)

III. D'après cela, il est clair *qu'étant
né libre et indépendant,* si je ne veux pas
m'associer, personne ne sauroit m'y con-
traindre, *personne ne peut sous quelque pré-
texte que ce puisse être, m'assujettir sans mon
aveu.* **) Ce seroit une injustice criante, puis-

---

*) Dans ses assemblées, dit *Montesquieu,* le peuple
  ne peut être monarque, que *par ses suffrages*
  qui sont ses volontés.

**) Contr. soc. liv. 1. ch. 4.

que mon suffrage est essentiellement libre.
Tant que je ne consens pas à m' associer, je
reste p. faitement indépendant.

D'après cela, il est clair que si je ne
m'associe pas, qui que ce soit n'est mon souverain. . Personne n'a de droits sur moi, puisqu'*étant né libre et indépendant*, personne ne
peut en exercer sur moi, qu'autant que
je lui en donne *par mon consentement et mon
suffrage.* *)

D'après cela, il est clair que, pour que
les pouvoirs et les droits de l'association
s'étendent à tous, il faut que tout le monde
s'associe; pour que la souveraineté s'étende
sur tous, il faut que tout le monde donne
son suffrage. S'il est un seul individu qui ne
le donne pas, la souveraineté ne s'étend pas
sur tous les individus, ou, ce qui est la même chose, il n'y a plus de souveraineté,
puisque la souveraineté est estentiellement
universelle.

IV. Tous ces raisonnemens de *Rousseau*
sont clairs, évidens, parfaitement enchaînés.

---

*) Voyez *Puffendorf de jure naturae* lib. 7. cap. 2.
Son embarras sur cette *unanimité*, sur les dissidens, et sur ce qu'on en doit faire. Dans son incertitude, il les laisse tout simplement au milieu de
la cité, sans faire corps avec elle. Quelles absurdités! Quel mélange!

Pour qu'il y ait convention, il faut que toutes les parties contractantes tombent d'accord.
Ainsi si la société est une convention il faut
que tous les membres de la société tombent
d'accord pour *l'association et la constitution.*
Il faut de toute nécessité, comme l'exige
Rousseau, unanimité, et unanimité rigoureuse.
Sans quoi, point de convention. Tout cela
est très bien dit, très juste et très-conclu-
ant.

V. Reste maintenant une petite difficulté. . C'est que parmi ces hommes libres, accoutumés à l'indépendance, il y en aura
beaucoup, qui ne voudront pas s'assujettir,
qui ne paroîtront pas même à l'assemblée,
et que, parmi ceux qui voudront bien compa-
roître à l'assemblée, il y en aura beaucoup
qui ne seront pas d'accord sur la forme du
gouvernement . . Or, s'il y a scission dans les
suffrages, comme cela ne manquera pas,
comment faire pour l'exécution?

VI. *Tous ceux qui ne voudront point se
réunir à l'association*, *doivent*, dit-on, *quitter le pays.*

Mais de quel droit me forcerez-vous de
quitter mes terres, mes biens, mes propriétés, puisque, d'après votre principe lui-même, vous n'êtes pas mon souverain, et que
vous ne sauriez l'être? . . Si je ne sors pas,
que me ferez-vous? vous m'y forcerez ou vous
me tuerez: et de quel droit? d'après quelle

loi? précisément parce que vous êtes les plus
forts.

Voilà donc, pour procéder à l'exécution
de cette partie, la force, la violence, l'in.
justice, l'atrocité; le carnage ou l'émigration
la plus terrible! . . et à quoi vous avancera
cette emigration? à rien. Car tant qu'il s'agira
de places lucratives ou de lois gênantes, *de
dominer ou de servir*: tant qu'il s'agira d'un
avantage où tout le monde peut aspirer et
que tout le monde ne sauroit avoir, il y aura
toujours partage. Chacun votera toujours de
préférence ou pour soi ou pour ses amis. . .
Quand vous pourriez venir à bout d'assem.
bler tout un peuple, quand à force d'émi.
grations et de déportations, il ne resteroit
dans le pays qu'un petit peuple de cent indi.
vidus: allez aux voix sur la forme du gou.
vernement, jamais vous n'en viendrez à *l'una.
nimité.* Ainsi jamais vous ne pourrez ni créer
la souveraineté ni convenir d'une constitution
quelconque.

VII. En vain dira-t-on. *qu'en acceptant
la constitution, nos pères l'ont créé pour toujours, et qu'elle est restée créé.* Si c'étoit là
la question, je vous dirois que la constitution qu'on nous propose maintenant n'est
point du tout celle que nos pères ont accep-
tée, qu'elle est totalement changée depuis.
J'ajouterois que puisque toute constitution est
un résultat de suffrages, la constitution de

M 2

nos pères est morte avec leurs suffrages, comme leurs suffrages sont morts avec eux; que
le résultat de leurs suffrages (eût-il été unanime) n'a pu subsister après eux que par
le suffrage *unanime* et toujours soutenu de
leurs successeurs, et qu'un seul dissident
eût détruit leur ouvrage, parce qu'il ne s'a-
git pas ici des biens et des droits personnels de nos pères, il s'agit de droits dont
ils n'étoient pas les maîtres, puisqu'il s'a-
git de *nos suffrages* et que, comme l'a dit
fort bien *Rousseau*, si je suis indépendant
par nature, *personne ne peut m'assujettir sans
mon aveu.* Ie vous répéterois tout ce que je
vous ai déjà dit sur cette matière.

VIII. Mais j'observe que cette objection
suppose ce qui est en question. Car je ne
parle pas ici de nous seuls. Je parle sur-tout
de nos pères, lorsqu'il fut question du pacte
social. *) Si nous frémissons lorsqu'il est
question de nous soumettre, nous qui sommes accoutumés à porter le joug depuis plus

---

*) Ce qui est naturellement et physiquement imprati-
cable de nos jours, fut encore plus impraticable
dans l'origine. *Nulle nation n'a jamais pu se
donner un gouvernement.* Ce contrat fut impossible dans tous les temps (dit *M. de Mestries.*)
C'est aussi la doctrine de *Weishaupt*, et il a
raison. Le peuple n'a aucun droit, aucune autorité, aucun pouvoir de m'assujettir.

de quatre mille ans, quelle dut être la répugnance de nos pères, qui, comme le prétend *Rousseau* lui-même, la première fois
qu'on leur parla de dépendance, durent se
hérisser et frapper du pied contre terre, comme ces coursiers fougueux, la première fois
qu'on veut leur approcher le mords. Si nous
ne saurions nous accorder sur une constitution, quelle dut être l'ambition de ces premiers hommes libres et indomptés, quand il
fut question de subordonner les places de
l'ordre social et de dominer ou servir pour
la première fois! s'il y a division parmi nous
il y en eut bien davantage parmi nos pères.
Par-tout où l'intérêt personnel domine, il est
impossible qu'il y ait *unanimité*, et il n'y a
rien qui pique si vivement l'intérêt personnel
qu'une constitution où les uns doivent dominer à l'exclusion des autres et disposer de
tout par les lois. Proscrivez, éxilez tant
qu'il vous plaira, ne restât-il de toute la nation que deux délibérans, tous deux voudront
dominer, aucun d'eux ne voudra servir.

IX. Voyez les François. Quand ils ont
voulu constituer par suffrages, l'un vouloit
un Roi absolu, l'autre un Roi constitution-
nel, celui-ci une république, celui-là une seule
assemblée, celui-là deux chambres. Y eut-il
jamais *unanimité* parmi le peuple, y eut-il
même *unanimité* parmi les députés? Cela est
impossible. . . Parcourez toutes les nations,

même les plus sages, même celles qui ont la
meilleure de toutes les constitutions, interrogez tous les individus sur la forme du gouvernement, y aura-t-il *unanimité*? s'ils ne se
plaignent pas et s'ils gardent un silence re.
spectueux, c'est qu'ils savent très-bien qu'il
leur seroit inutile, peut-être dangereux de
parler. Mais ouvrez une libre carrière à leur
ambition, et consultez-les. Seront-ils d'accord? cela est impossible. Pourquoi cela?
parce que ceux qui gouvernent, sous quelque
forme de gouvernement que ce soit, pèsent
essentiellement sur ceux qui sont gouvernés,
et qu'ils occupent des places que chacun voudroit avoir. Tant qu'il s'agira d'une constitution dans laquelle il faudra de toute nécessité dominer ou servir, faire la loi ou la recevoir, il est impossible qu'il y ait *unanimité*. Les intérêts se trouvant divisés, il
faut de toute nécessité que les suffrages le
soient.

X. D'après cela, je reprends le raisonnement et je dis : pour former une association
quelconque, il faut que toutes les parties contractantes soient d'accord : il faut qu'il y ait
unanimité.

Or, jamais tous les membres d'une nation quelconque n'ont pu tomber d'accord ;
jamais il n'y eut *unanimité* sur les constitutions.

Donc jamais aucune nation au monde n'a pu s'associer et se donner des constitutions. *)

---

§. V.

Terrible dans ses essais.

1. Toutes les fois qu'on a juré d'être fidelle *à la nation*, qu'on a tenté d'effectuer le contrat social, on ne l'a donc pas effectué. Cela est impossible, puisque toute association embrasse essentiellement *l'universalité* de ses membres, et que jamais *l'universalité* de la nation ne sera d'accord ni sur la constitution, ni sur les lois, qu'elle ne se trouvera même jamais ni assemblée ni consultée. C'est le plus faux, le plus absurde, le plus détestable de tous les sermens et conséquemment de tous les contrats. *Sous ce terme vague de nation* qui ne s'accordera jamais ni pour commander, ni pour obéir, on se livre aveuglément à tous les partis, on s'engage inconsidérément sous le plus bizarre, le plus mobile, le plus monstrueux de tous les maîtres.

---

*) Nous ne savons en quel endroit on trouvera le contract social réduit en pratique, dit le *P. Berthier* sur le contrat social.

Toutes les fois qu'on tentera de contracter de cette manière, *qu'en résultera-t-il?* l'oppres. sion la plus terrible, l'esclavage le plus af. freux. C'est à quoi l'on ne s'attend pas: c'est cependant ce qui doit nécessairement arri. ver . . Car, puisqu'il est physiquement et mo. raiement impossible de séparer chaque indi. vidu en deux parts pour contracter avec soi. même; qu'arrivera-t-il nécessairement? c'est que, comme le dit fort bien le problème, et comme nous l'avons déjà annoncé, pour ef. fectuer cette association prétendue, *chaque individu s'aliénera tout entier, lui, sa per. sonne, ses biens et tous ses droits au corps va. gue de la nation toute entière,* de man ère que par cet acte d'association, chaque indi. vidu s'engagera à obéir, non pas à un mo. narque tout seul, non pas à quatre ou cinq députés, non pas même à la pluralité de la nation , mais simplement et indéterminé. ment, il s'engagera à obéir *à la nation toute entière.* *)

II. Voila, certes, un souverain bien oné. reux: Qu'on y prenne garde: je le répète donc, afin qu'on ne m'accuse pas d'avoir usé de surprise. Si jamais on se détermine à signer ce contrat, les deux parties prises dans les termes même du problème seront

---

*) Contr. soc. liv. 1. ch. 6.

.. que individu d'un côté et le corps tout
..tier de la nation de l'autre. Ainsi, avant
de contracter, qu'on y réfléchisse! *ce souve-*
rain sera terrible. . .

' Mais enfin c'est un parti pris; voilà le
contrat passé et signé. Tout le corps des
associés a juré d'obéir à la volonté générale.
Voilà qui est très-bien. . . Mais demandera-
t-on à *Rousseau*; si quelqu'un s'en repent,
qu'un seul associé refuse d'obéir, quel sera
le garant du contrat? *Quiconque refusera*
d'obéir à la volonté générale , y sera contraint
par tout le corps. *)

Par tout le corps , monstre que vous
êtes! . . Quoi, si je m'engage dans votre contrat, c'est avec tout le corps de la nation
que je m'engage! si je refuse d'obéir, c'est
tout le corps de la nation qui me punira!
c'est tout le corps de la nation qui m'y con-
traindra! et vous appellez cela me rendre
libre! quel maître plus accablant pouviez-
vous donc me donner, je vous prie! ..quoi!
si je me trouve pris dans votre contract, ce
sera tout le corps de la nation qui sera ma
partie! ce sera tout le corps de la nation qui
sera mon juge! ce sera tout le corps de la
nation qui tombera sur moi, soit en masse
réglée, soit par sédition, si je me refuse aux

---

*) Ibid. ch. 7.

décrets! et quand je dis moi, chaque individu peut en dire autant...

III. Mais dès lors ce n'est plus là l'énon-
cé de votre problême. Nous en voilà à cent
mille lieues... Dans votre problême, je ne
devois m'engager à obéir *qu'à moi-même. Et
point du tout,* votre contrat passé, je me
trouve engagé à obéir *à la nation toute entière.* Voilà certes ce que vous ne m'annon-
ciez pas — On ne dit pas tout de peur d'ef-
frayer ... mais *il est clair que cet engagement se trouve tacitement dans le pacte social.
C'est cette condition tacite qui fait tout l'artifice et le jeu de la machine politique. Sans
cela le pacte social seroit un vain formu-
laire.* *)

Cela est fort bien, dira-t-on à l'auteur;
mais dans un engagement aussi important,
vous m'avouerez qu'une pareille réticence
n'est pas loyale, et que cet artifice est un jeu
bien cruel pour tout les peuples de l'univers.
Si chaque individu savoit bien d'avance à
quoi il s'engage, je suis bien sûr qu'il seroit
peu pressé de contrater par devant vous...
Quoi! dans votre problême vous annoncez à
chaque individu qu'il ne va s'engager qu'avec

---

*) Ibid.: abus horrible, despotisme monstrueux! s'écrie
Weishaupt. Et de quel droit, monstro? Quel
privilége a ce peuple de me soumettre &c.

lui-même, et *tacitement* il se trouve engagé
avec la nation toute entière ; qu'il va rester
aussi libre qu'auparavant, et *tacitement* il se
trouve assujetti à la nation toute entière;
qu'il va être sans maître comme auparavant,
et point du tout, *tacitement* il se trouve as-
servi au plus terrible de tous les maîtres,
au corps de la nation toute entière. *)

Quand vous ne mettriez sur moi que la
majorité de la nation, quand vous ne mettriez sur moi que quatre ou cinq cens députés avec tous les pouvoirs exécutifs, j'aurois
déjà un souverain bien onéreux, mais point
du tout, dans votre contrat c'est *la nation
toute entière* qui est ma partie, c'est *la nation toute entière* qui est mon juge.

IV. Je sais bien que ce contrat est chimérique, qu'il est impraticable. Je sais très
bien que jamais la nation entière ne s'as-
semblera, que jamais la nation entière ne
s'accordera. En contractant *avec la nation
entière*, je ne fais qu'un engagement vague;
mais c'est précisément parce que c'est un

---

*) Parce que les *Illuminés* ne parlent que d'indépendance, on croit qu'ils ne vont pas au même but:
il faut qu'ils y aboutissent malgré eux. Le terme
inévitable de toutes ces sectes est parfaitement le
même. Pourquoi cela? parce que leur indépendance est impossible.

engagement vague, qu'il est infiniment plus
dangereux. C'est parce que je me livre va-
guement au corps de la nation entière, *moi,
ma personne, mes droits et mes propriétés*
que chacun de mes opposans a droit d'in-
voquer contre moi la nation toute entière,
que tous les partis auront droit de marcher
l'un contre l'autre, au nom de la nation toute entière, que chaque parti tombera sur
moi au nom de la nation toute entière, et
que le parti le plus fort, après avoir subjugué les autres, en attendant qu'il se trouve
subjugué à son tour, fera massacrer chaque
individu au nom de la nation toute entière.
Or ce n'est pas là *être son maître;* ce n'est
pas là: *ne dépendre d'aucun autre que de soi
même,* tout est perfide, tout est frappé du
vice de nullité dans ce problême. . . .

V. Voilà donc ce projet superbe qu'on
a eu tant de mal à créer, qu'on a eu tant
de mal à comprendre, et que l'on n'a jamais
bien compris, puisqu'on n'en a pas vu les
suites indispensables. Voilà donc ce projet
admirable, qui devoit *régénérer* toutes les nations, manqué sur tous les points: j'ai beau
promener mes regards sur tout l'univers, je
ne le vois effectué nulle part: et pourquoi
cela? par la raison qu'il est impossible.

Chez tous les peuples anciens et modernes, on a fait des révolutions. Et pourquoi
les a t-on faites? pour effectuer le contrat

social. Eh bien! je le demande à tous les
peuples anciens et modernes: pourquoi n'a-
vez vous jamais effectué le contrat social?
, je le demande à tous les maîtres, à tous les
disciples, à tous les partisans actuels de ce
fameux système; pourquoi n'effectuez-vous
pas le contrat social? que vous manque-t-il
encore? n'avez vous pas été tout puissans?
ne sommes nous pas dans le siècle des lumières? pourquoi donc, *nouveaux phaëtons*,
toutes les fois que vous montez dans ce char
de feu, brûlez vous la terre, embrâssez vous
toutes les régions que vous prétendez éclairer?

VI. Enfin je le demande au maître des
maîtres, à l'auteur du contrat social lui même. Nous avons payé aux talens de ce fameux écrivain l'hommage qui leur est dû et
nous serons toujours prêts à le faire. Avant
lui, tous ceux qui avoient écrit sur le contrat social n'avoient fait que des ébauches.
Lui seul a traité le sujet en maître: *l'una-*
nimité pour les constitutions, la pluralité
pour les lois. Voilà ce qu'il exige et il a
raison: ces conditions sont indispensables..
Puisque tous ses disciples y ont renoncé,
demandons à cet homme transcendant d'effectuer lui-même son plan, de reprendre ce char
de feu que ses disciples ne sauroient con-
duire.

Eh quoi! aussitôt qu'on en vient à l'e-
xécution, ce grand génie, tout supérieur

qu'il est, se trouble, s'embarrasse. Il pâlit
il hésite, il ne parle plus que de la difficulté, *de l'impossibilité même de tenir sans cesse un peuple assemblé pour vaquer aux affaires publiques.* *) Tout bien réfléchi, il convient qu'il *n'y a point de démocratie pure.* **)
Il confesse hautement que *s'il falloit faire
ratifier toutes les lois aux peuples, il y auroit bien peu de gouvernemens où il y eût
des lois.* ***) C'est aussi ce que nous disons,
c'est aussi ce que disent tous ses disciples.
Toutes leurs théories et tous leurs essais
n'ont servi qu'à prouver l'impossibilité de
cette ratification.

Mais si de tant de théories et de tant
d'essais, il ne résulte que l'impossibilité démontrée de faire ratifier les lois par le peuple, comment s'y prendra-t-on lorsqu'il s'a-
gira de faire des lois et des constitutions?
homme célebre, dites nous, je vous prie,
selon vous *la loi n'est-elle pas la volonté générale?* — Oui sans doute. — Eh bien! *dans
les cas où cette volonté générale ne sera pas
connue,* comment venir à bout de la connoî-

---

*) Liv. 3. ch. 4.

**) *Il n'a jamais existé et il n'existera jamais
de véritable démocratie.* Ibid.

***) Economie politique; pag. 367.

tre? *ne faudra-t-il pas assembler la nation toute entière? . .* vo:là la demande faite par l'auteur du contrat social lui-même. Ecoutons la réponse. — *Il faudra d'autant moins bas-sembler qu'il n'est pas sûr que sa décision fût l'expression de la volonté générale : que ce moyen est impraticable, sur-tout dans un grand peuple *).* Mais il me semble que vous nous avez dit plus haut : *que toute loi qui n'étoit pas ratifiée par le peuple, n'étoit pas une loi.* — Oui sans doute, je le dis encore; c'est une des conditions essentielles du contrat : mais *tout bien réfléchi,* je vous dis *que la chose est impraticable* — Voilà qui est fort bien, mais enfin si la loi doit être reçue à la plu-ralité et la constitution à l'unanimité, com-ment faire si on ne rassemble pas le peuple en corps. *A la Chine, malgré l'appareil ter-rible de l'autorité, le peuple trouve bien le moyen de manifester ses volontés* — Eh comment donc cela? — En pillant les villes, brûlant des maissons etc. **)

---

*) Economie politique Pag. 367.

**) Ibid. p. 368. *Rousseau* n'ose trancher le mot, mais c'en est là le sens. Ce sont visiblement des émeutes et des séditions populaires que l'empereur de la Chine punit dans ses préposés, et le peuple n'a pas d'autre moyen que des révoltes pour ma·i fester ses volontés, quand on ne le consulte pas.

VII. Auteur perfide! voilà donc comment vous vous êtes joué de l'univers! en
retournant le contrat social de tous les sens,
vos disciples n'ont jamais pu en tirer qu'at-
troupemens, meurtres, et séditions, vous ne
sauriez en tirer autre chose vous même. . .
Tant que l'universalité du peuple ne sera
pas assemblée, il est impossible de savoir
de quel côté sont les suffrages, la majorité
du peuple peut très bien être du côté de la
minorité du peuple. Dans cette incertitude
cruelle, la majorité des députés fera marcher
des armées contre le parti de l'opposition;
le parti de l'opposition fera marcher d'autres armées de la part du peuple. Au nom
du peuple et de la nation dont la majorité
est inconnue, chaque parti s'égorgera; ce ne
sera que sang et que carnage.

VIII. Comment des hommes qui se disent
éclairés n'ont ils pas vu que ce devoit être là
le résultat inévitable du contrat social? comment n'a-t-on pas aperçu que ce terme vague
de *nation*, qu'il est impossible de rassembler, seroit un corps de réserve où chaque
parti prendroit de quoi s'écraser tour à tour;
comment n'a-t-on pas vu que chaque individu *s'aliénant tout entier au corps de la nation*, c'étoit se livrer au corps vague de la
multitude, et qu'en se livrant au corps vague
de la multitude, loin d'aller à la liberté,

c'étoit prendre le plus terrible de tous les maîtres?

IX. *Concluons.* Pour effectuer un con‑trat social, il faudroit assembler une nation toute entière, faire ratifier la constitution à *l'unanimité*, les lois à *la pluralité*, faire contracter chaque individu avec tout le corps de la nation, *sans cependant qu'il dépendît d'un autre que de lui‑même.* Tout cela ne se peut: tout cela ne s'est jamais fait et ne se fera jamais. Donc le contrat social est impossible: donc la société n'a jamais pu se former par contrats. Donc jamais aucun peuple n'a pu, et jamais aucun peuple ne pourra se donner des gouvernemens. *)

„ Les charlatans du Japon dépècent, „ dit‑on, un enfant aux yeux des specta‑

---

*) Anciennement les ventes, les contrats, les juge‑mens, tous les actes civils, en général, se faisoient en présence du peuple de chaque cité qu'on pre‑noit à témoin. Cet usage exista, comme on le voit dans l'histoire, chez les cananéens, chez les Francs, chez les anciens Germains, et sous les deux premières races des rois de France; mais rien n'avoit de force que par l'autorité du roi et du juge qui prononçoit: le peuple n'étoit que té‑moin. *Lex fiebat consensu populi et constitu‑tione regis.* N'est il pas étonnant qu'on ait pris tout cela pour des contrats sociaux, et ces actes

„ teurs, puis jettant en l'air tous ses inem-
„ bres l'un après l'autre, ils font retomber
„ l'enfant vivant et tout rassemblé. Tels
„ sont à peu près les tours de gobelets de
„ nos *prétendus régénérateurs:* après avoir
„ démembré le corps social, par un presti-
„ ge digne de la foire, ils en jettent les
„ membres en l'air. " *) Mais moins habi-
les que les charlatans, ils ne font retomber
à terre que des membres épars, le corps social ne reparoît plus. Ils out recommencé
cent fois, et cent fois ils ont manqué leur
tour. Quand ils recommenceroient pendant
vingt mille ans, ils ne réussiroient pas davantage. Pourquoi cela? parce que le contrat social est impossible et impossible sous
tous les rapports.

---

civils pour des actes de législation. Dans cet édit
de Pise, ces mots, *lex fiebat* ne veulent pas dire
la loi se faisoit, ils veulent dire, *la justice se
rendoit* au nom du roi, après avoir consulté l'assemblée. (*V. Disc. sur l'hist. de France par
Moreau , tom. IV.*)

*) Contr. soc. liv. 2. ch. 2. Quand on part d'un prin-
cipe faux, on ne manque jamais de raisonner contre soi même. C'est le sort de *J. J. Rousseau.*
Toutes ses comparaisons et tous ses raisonnemens
sont contre lui.

§. VI.

R é s u m é.

1. Pour résumer en deux mots toutes ces deux questions, j'interpelle ici tous les partisans *de l'égalité et du contrat social*, et toutes les âmes honnêtes qui se sont fait une habitude de regarder chaque forme de gouvernement comme une convention, et voilà ce que je leur dis. *)

Tacite ou Formel, n'importe; vous prétendez tous que l'ordre social est *un contrat*. Cela est bientôt dit. . Mais allons au fait. Faites contracter par devant nous vos hommes primitifs. Je vous passe la convocation de cette immense assemblée, la réunion, la délibération, l'accession perpétuelle des femmes, des enfans et des nouveaux nés, tous

---

*) D'après l'ouvrage de M. *Bonnaire*, je crois qu'on cessera de prendre un *paquet des lois:* pactus legis salicae, pour *un pacte social.* La loi salique n'a pas été plus qu'aucune autre le résultat d'une convention populaire, puisque toute convention populaire est radicalement impossible. (V. *Pouvoir législatif sous Charlemagne*, sur ces mots : *Pactus legis salicae*, et sur ces autres : *Lex fit consensu populi, etc.*)

articles qui ont fort embarassé vos meilleurs
auteurs: je vous passe même la dispersion,
dont nous ferons voir l'impossibilité dans *la
question des corps civils;* je suppose tout cela
fait, et le contrat prêt à se passer: je m'en
tiens au contrat lui seul.

Quelle que soit la forme de gouvernement que vous adoptiez, quel que soit le souverain que vous choisissiez, simple ou composé, cela m'est égal ... Puisqu'il n'a pas la
souveraineté par nature, il faut la créer, il
faut lui donner des droits universels: où les
prendrez-vous? comme *Rousseau*, *Puffendorf*,
et autres auteurs conventionnels, diviserez-
vous chaque individu bien vivant? l'intro-
duirez-vous jouant deux rôles, *voulant* comme souverain, *ne voulant pas* comme sujet,
votant avec la majorité, *s'opposant* avec la
minorité? c'est une vraie jonglerie. L'âme ne
se divise pas. . . Vous contenterez-vous de
la pluralité? cela ne se peut. Dès que c'est
une association, il faut que tout le monde
soit d'accord: celui qui n'y consent pas n'en
est plus, et la souveraineté est imparfaite;
exigerez-vous *l'unanimité?* toute notre nation sera égorgée avant de pouvoir y parvenir. Votre contrat est impossible dans
toutes ses classes, ainsi c'est un système de
sang *).

---

*) Tous ceux qui croient que l'ordre social s'est formé
par contrat se contentent de le supposer sans se

II. Mais si le conttat social est impossible dans toutes ses classes, il est visible que tous les principes en sont faux. Nous voilà manifestement plongés dans un abyme d'erreurs. Si le contrat social est impossible, il est faux que la loi soit la volonté générale : donc, on nous a donné de fausses notions *des lois.* Il est faux qu'une constitution soit la volonté générale, donc on nous a donné de fausses notions des *constitutions.* Il est faux que la souveraineté soit la volonté gé-

------

donner la peine de rien approfondir. Rien de si aisé à dire, mais quand il s'agit d'expliquer avec *Puffendorf, Rousseau* et autres auteurs comment on en a contracté, avec qui, quelles sont les deux parties du contrat, le garant, la perpétuité, le sort de ceux qui n'accèdent pas &c. &c., on se voit bientôt plongé dans les mêmes ténèbres, réduit aux mêmes embarras, aux mêmes absurdités, aux mêmes extravagances, à la même impossibilité que ces grands auteurs. Rien de plus aisé à dire : qu'il y eut autrefois des *conventions*, que l'on va faire des *conventions*, qu'une assemblée de députés est une *convention* : mais en est-ce une ? tout le peuple est-il là ? est il interrogé, est-il consulté ? vote-t-il à l'unanimité dans ces assemblées ? donner à tout cela le nom de *convention*, c'est être ou bien fonrbe ou bien simple.

nérale, donc on nous a donné de fausse notion *des autorités*. Il est faux que la liberté
consiste dans la volonté générale, donc on
nous a donné de fausses notions de la *liberté*. Il est faux que les gouvernemens viennent des peuples, donc on nous a donné de fausses notions des *gouvernemens*. Si le contrat
social est impossible, il est faux que la volonté générale soit, comme l'a dit *Rousseau*,
la régle des lois, *des moeurs*, *du juste et de
l'injuste*, *du vice et de la vertu*, *du bien général et du bien public*. On nous a donné de
tout des notions fausses et détestables. Cette
volonté générale est un amalgame artificiel
qui devoit emprisonner le monde et causer
les ravages les plus terribles dans l'univers.
C'est les renversement absolu de tous les
principes. Ainsi nous n'avous point perdu
notre temps. En deux grandes questions,
voilà bien des erreurs réfutées, voilà bien
des syssèmes faux renversés de fond en
comble.

III. Mais cela ne suffit pas. Sur les ruines de l'erreur, il faut rétablir les vérités,
c'est là le point important. Si l'ordre social
ne vient pas des peuples. *d'où vient-il donc?*
si, les lois, les constitutions, les souverainetés ne sont pas *la volonté générale*, que
sont-elles donc? où trouver ce droit universel, ce pouvoir suprême sans lequel il est impossible de lier ensemble des individus? que

faut-il entendre par ce mot *autorité?* Quelle
en est *la source*, *la nature*, *la transmission
et le cours?* comment les gouvernemens se
sont-ils formés, perpétués et propagés? quel
autre maître que le peuple a pu leur donner
la forme, l'existence et la consistance? voilà
de bien grandes questions que nous traiterons
dans la seconde partie.

PRINCIPES

OU

NOTES EXPLICATIVES.

——————

P. I.

*Le cri de l'expérience sur le contrat so-
cial.*

1. Nous avons prouvé par la raison *l'Impossibilité* intrinsèque du contrat social: Ajou-
tons ici un argument plus sensible pour ses
partisans ; *celui de l'expérience.*

Lorsque la révolution qui s'est opérée
en France commença à s'effectuer: on s'en
souvient ; quel fut l'enthousiasme universel?
à quoi s'attendoit-on?... „ L'univers alloit
„ être libre: tous les hommes alloient être
„ égaux: le contrat social alloit reparoître :
„ le peuple alloit rentrer dans ses droits: il
„ alloit redevenir souverain: les législateurs
„ alloïent être ses ministres, les lois, les
„ constitutions ne seroient plus que l'expres-

„ sion de ses volontés ! . . Tous les pauvres al-
„ loient être riches : tout le monde alloit être
„ heureux : tous les biens alloient nous inonder :
„ tous les maux alloient disparoître " ! Il
n'étoit question que de revenir au contrat social ; et l'on y travailloit en france, et l'on
suivoit littéralement le plan du contrat social.

Pour rendre les hommes égaux, il falloit anéantir toutes les distinctions, et l'on
décréta l'anéantissement de toutes les distinc-
tious. Pour rendre le peuple souverain, il
falloit lui attribuer le pouvoir législatif, et
ou lui attribua le pouvoir législatif. Pour
qu'il fasse ses volontés, il faut qu'il soit le
maître de tout, et on le constitua le maître
de tout (au moins sur le papier). Le monarque lui-même ne fut plus qu'un premier fonc-
tionnaire public, que le premier exécuteur
des volontés du peuple.

Tout cela est conséquent : jusque-là,
voilà nos idées bien suivies. On étoit dans
le ravissement. Tout le monde s'enivroit
d'espérances : ou soupiroit après la Ière constitution avec l'impatience la plus vive, et
cette 1ère constitution parut. Elle fut im-
primée, publièe, exécutée en france, avec
le dessein de la faire passer dans tout l'univers . . . Voilà donc le moment annoncé depuis si long-temps . . Si c'est là la constitution de la nature, il est incontestable qu'elle
est bonne, et si elle est bonne, elle va pro-

2 of 240

duire d'heureux effets. *Qu'en est-il résulté?* le bouleversement de la France, la dissolution de l'ordre social, la liberté des factions, l'égalité des ruines, l'absence de tous les biens, l'assemblage de tous les maux.... Le peuple a-t-il contracté? a-t-il été consulté en corps? a-t-il émis son suffrage sur cette 1ère forme constitutive?.. Oh non.

Il est vrai que dans la première constitution, les députés du peuple n'étoient pas encore parfaitement maîtres. Il reçoit un *veto suspensif*, un malheureux simulacre de Roi, qui pouvoit encore, au péril de sa vie, s'opposer à leurs volontés et qui a osé le faire... Pour agir conséquemment, il falloit détruire cet obstacle, et on l'a fait... Ce malheureux simulacre de Roi a été d'abord avili, ensuite massacré. Par ce moyen, les députés du peuple ont été parfaitement maîtres.

Pour le coup, voilà nos idées bien remplies, nos plans parfaitement exécutés, nous allons voir s'ils sont bons! ... *Qu'en est-il résulté?* l'anarchie la plus complette et la plus épouvantable, une assemblée monstrueuse, qui emportée par son propre poids a frappé de mort tout ce qui a tenté de l'arrêter dans la rapidité de son cours.... Le peuple est-il devenu maître? A-t-il été consulté en corps sur cette nouvelle constition? Oh non.

Pour suspendre l'action de ce poids
énorme, ou s'est hâté de le couper en deux.
On a divisé cette monstreuse assemblée en
deux chambres, et l'on a constitué un Directoire pour exécuter leurs volontés. Qu'est-il
résulté de cette division? une lutte affreuse
entre les pouvoirs; le combat interminable
des taureaux dans la prairie. Le peuple a-
t-il fait les lois? a-t-il été consulté en corps
sur cette autre constitution? pas davantage.
Les taureaux ont combattu; le grenouilles
ont été écrasées.

Enfin le Directoire, après avoir renversé ses antagonistes, a été renversé à son tour.
Un consul a gouverné la France; sous cette
nouvelle forme, le peuple a-t-il fait les lois?
a-t-il été consulté en corps sur la constitution? pas plus qu'auparavant. Donc, depuis
la révolution, jamais il n'y a eu de convention; jamais il n'y a eu l'ombre d'un contrat social.

Mais ce qui s'est passé *en France*, s'est
également effectué *en Suisse*, *en Hollande*, *à
Gênes*, *à Genève*, *en Corse*, *en Italie*, *dans
les Pays-bas*. Par-tout où la révolution a pé-
nétré, on a bouleversé le monde, on a voulu
faire des conventions, effectuer le contrat
social. Nulle part le peuple n'a fait les lois;
nulle part il n'a été consulté en corps sur les
nouvelles constitutions,

Ce n'est pas tout, ce qui s'est passé dans les révolutions modernes, s'est également effectué dans les anciennes. *A Rome, à Athènes, à Sparte,* chez tous les peuples de l'antiquité, par-tout où il s'est fait des révolutions populaires, on a crié à la liberté, on a appellé les hommes à l'indépendance: on a proclamé que le peuple étoit souverain, qu'il alloit faire les lois par ses députés. Les a-t-il faites? a-t-il été consulté en corps sur les lois et sur les constitutions? Tout le monde a-t-il été assemblé: tout le monde est-il tombé d'accord? y a-t-il eu *une seule convention, un seul contrat social* depuis le commencement du monde? *)

---

*) Peuple législateur, peuple souverain, peuple créant sa souveraineté et se donnant des souverains, peuple impossible, peuple qui n'éxistera jamais. C'est la doctrine de Weishaupt. C'est aussi celle de l'évidence et de l'expérience de tous les siècles.

P. II.

Essais inutiles.

Il est visible que, depuis le commencement du monde, on travaille à rendre les peuples maîtres, et les peuples travaillent sans cesse à le devenir. Pourquoi ne réussit-on pas? pourquoi, au lieu de cet âge d'or qui doit résulter des révolutions, ne contemple-t-on jamais que des désastres? depuis des siècles si nombreux, qui est-ce qui a fait manquer une si grande entreprise, et qui est-ce qui la fait encore manquer tous les jours? dans notre siècle de lumières sur tout, où l'on paroissoit si sûr du succès, que n'a-t-on pas fait pour réussir? de combien de manières ne s'est-on pas retourné? on en a essayé avec un Roi, on en a essayé sans Roi: on en a essayé avec une chambre, on en a essayé avec deux chambres: on en a essayé avec des clubs, on en a essayé avec des comités, on en a essayé sans comités: on en a essayé avec un Directoire, on en a essayé sans Directoire; on en essayé avec des consuls, on en a essayé avec des conseils: on en a essayé sur une ville, on en a essayé sur des provinces: on en a essayé sur de petits pays, on en a essayé sur de vastes royaumes; sans

compter les essais incalculables que les an
ciens avoient faits avant nous: car dans les
révolutions de l'antiquité. on se retourna
également de toutes les manières. On en essaya avec un roi, on en essaya avec deux
rois: on en essaya avec des *Archontes*, on
en essaya avec des *Ephores*, on en essaya
avec des dictateurs, on en essaya avec des
tribuns, on en essaya avec deux conseils,
on en essaya avec trois. Depuis le commencement du monde, on a arrangé et dérangé,
augmenté et retranché, détruit et reconstruit,
manié et remanié; *monarchiques, aristocratiques, monarchiens, oligarchiques, démocra-
tiques*, mixtes et composés, réunis ou divisés, divisés en deux ou en trois: gouvernemens de toutes les formes possibles et ima-
ginables; tout a été tenté, combiné, exécu-
té. Pourvu que la chose soit praticable, il
n'est rien dont le parti dominant ne puisse
venir à bout, et il en viendra à bout jusqu'à
la consommation des siècles. Au milieu de
tout cela, que reste-t-il à effectuer? ... *un
contrat social:* un peuple qui se donne des
lois et des constitutions.

D'après cela: voici un raisonnement
qui paroît sans replique. Si, comme on le
dit, les peuples furent les maîtres de se donner des gouvernemens, et s'ils s'en donnerent en effet dans les temps primitifs; les
peuples actuels, en admettant qu'ils en eus-

sent perdu le droit, en auroient au moins conservé le pouvoir: et lorsque, par l'effet des révolutions, les anciens souverains se trouvent expulsés, il devroit être possible aux nations de se constituer, comme elles le firent dans les premiers temps: *ab actu ad posse valet consecutio.*

Or si la chose est possible, qu'on nous dise pourquoi depuis le commencement du monde, même dans les siècles où les hommes se sont montrés les plus ardens pour la liberté, jamais on n'a pu réussir, jamais aucun peuple n'a pu venir à bout de se donner une constitution? qu'on nous explique pourquoi après tant de soulevemens, de séditions et de bouleversemens pleinement effectués, pourquoi après tant de constitutions détruites, tant de souverains détrônés, tant de gouvernemens brisés, tant de démocraties établies, de républiques organisées et légitimées, pourquoi après tant d'essais, de destructions et de reconstructions, après tant de tentatives, tant de victoires, tant de succès remportés par le parti du peuple, depuis l'origine des siècles, dans tous les temps et dans tous les pays, *un peuple maître, un peuple indépendant*, un peuple se donnant des lois et des constitutions et faisant ses volontés et conséquemment *un contrat social*, est-il encore un de ces projets chimériques pour lequel l'univers en travail a versé des

fleuves de sang, qui lui fait pousser des cris
lamentables et qui avorte immanquablement
dans toutes les révolutions?

Et qu'on ne vienne pas nous dire qu'il
est des gouvernemens où le peuple *se donne
des souverains*, qu'ainsi il put le faire autrefois! sans remonter ici à l'origine des gouvernemens et des nominations populaires
(ce que nous verrons dans les *variations des
corps civils*) il nous suffira d'observer maintenant 1. que le peuple ne se trouve pas
tout entier aux nominations; que chaque député, loin d'être nommé par l'universalité
du peuple, n'est pas même élu par l'universalité de son canton, qu'ainsi *l'universalité*
exigée par le contrat social ne se trouve pas
dans la nomination même.

J'observerai 2. que ce n'est pas dans
l'assemblée où l'on nomme les législateurs
qu'on fait les lois et les constitutions et que
c'est par les lois et les constitutions qu'on
est maître du peuple. . . . Où se font donc
les lois et les constitutions?. . Dans l'assemblée du corps législatif et le peuple n'y est
pas. Il ne se trouve dans cette assemblée
ni en réalité, ni par délégation, ni par re-
présentation, puisque, comme on l'a dit dans
le corps de la question, la volonté ne peut
être ni *aliénée*, *ni déléguée*, *ni représentée.*
Certes, mon ambassadeur ne me représente
plus du moment qu'il ne me consulte plus

et qu'il met ses volontés à la place des mien-
nes. *) Pour que chaque décret du corps législatif devint *l'expression de la volonté générale*, que faudroit-il donc? il faudroit que
l'universalité du peuple fût consultée en corps
sur chaque décret. C'est ce qui ne s'est jamais fait et ne se fera jamais. Donc l'impossibilité du contrat social déjà prouvée
par la raison se trouve manifestement con-
firmée par l'expérience.

P. III.

Le cri de l'expérience sur les résultats.

L'impossibilité du contrat social une fois
établie, nous avons prouvé par la raison,
que les essais devoient en être terribles; un
coup d'oeil rapide sur l'expérience nous prou-

---

*) Un ambassadeur part avec les volontés de son
    maître, suit strictement les volontés de son maî-
    tre, consulte en tout les volontés de son maître:
    voilà pourquoi il est *son représentant*. S'il met-
    toit un instant sa volonté à la place de celle de
    son maître, il ne le représenteroit plus. Ainsi la
    volonté ne peut être *représentée* par une autre
    volonté.

vera qu'ils l'ont été et qu'ils le seront toujours.

Pourquoi, chez les anciens, la terre fut elle inondée de sang? pourquoi les peuples furent-ils si souvent dans un état de guerre et d'insurrection contre leurs premiers souverains? . . Parce que les premiers souverains ne faisoient pas la volonté du peuple, conséquemment parce qu'ils ne faisoient pas *l'impossible.* Pourquoi à *Rome,* à *Athènes,* dans toutes les républiques anciennes qui survinrent après les rois, la terre fut-elle inondée de sang? pourquoi les peuples furent-ils perpétuellement dans un état de guerre et d'insurrection contre leurs sénateurs? parce que les sénateurs ne faisoient pas la volonté du peuple, conséquemment parce qu'ils ne faisoient pas *l'impossible.* Pourquoi dans les siècles modernes, la terre a-t-elle été inondée de sang? pourquoi les peuples ont-ils été si souvent dans un état de guerre et d'insurrection contre leurs anciens souverains? parce que les anciens souverains ne faisoient pas la volonté du peuple, conséquemment parce qu'ils ne faisoient pas *l'impossible.* On avoit dit aux peuples que les souverains étoient leurs *représentans,* qu'ils ne devoient décréter que leurs volontés, et ils ne le faisoient pas et il leur étoit impossible de le faire. Voilà la cause de toutes les horreurs qui se sont commises dans l'ancien temps, et voilà la cause de toutes les horreurs qui se sont renouvellées sous nos yeux. *En France, en Suisse, en Hollande, à Venise, à Gênes, à Génève,* nulle part on ne faisoit la volonté du peuple, nulle part on n'exécutoit le contrat social. D'après cela, on a cru qu'il n'y avoit, nulle part, ni lois, ni souverains, ni constitutions. D'après ce principe détestable, on a brisé partout les anciennes constitutions pour recréer un nouveau monde. On a déposé tous les anciens souverains et on en a nommé de nouveaux qui ont juré de faire *la volonté générale.* L'ont-ils faite cette volonté? pas plus qu'auparavant. Qu'a-t-on donc fait? on a inondé la terre de sang; on a tout brisé et rien régénéré; on a bouleversé le monde et tout est resté inégal. Pourquoi cela? parce qu'on a voulu faire une chose démontrée impossible, non-seulement par la raison, mais par l'expérience soutenue de tous les siècles.

P. IV.

Résultats futurs.

Et ce qui est arrivé dans les siècles passés est ce qui arrivera nécessairement dans les

siècles futurs, tant qu'on ne se désistera pas
de cette détestable entreprise. Car enfin si
le contrat social est intrinsèquement impossible, il est évident qu'il ne cessera jamais
de l'être. Tant qu'on persistera à vouloir
l'exécuter, il faudra donc promener perpétuellement la faulx de la mort sur tous les
pays, et il faudra perpétuellement la promener en vain, puisqu'on ne l'exécutera jamais.

Or, que dire d'un système dont les conséquences sont si terribles? que dire d'un
système dont les conséquences nécessaires
sont non-seulement que jamais il n'y a eu,
mais que jamais il n'y aura *ni lois*, *ni souverains*, *ni constitutions* dans aucun pays?

Que dire de ce système pour les peuples qui y croient? à quoi s'exposent-ils? à
être perpétuellement écrasés par leurs souverains?

Que dire de ce système pour les anciens souverains? tant qu'on y croira, que
deviendront-ils? ils seront à perpétuité l'exé-
cration de leurs peuples et cela sans pouvoir
cesser de l'être.

Que dire de ce système pour les nouveaux législateurs? à quoi s'engagent-ils? à
faire la volonté générale. S'ils ne la font
pas, on a le droit de les massacrer à leur
tour, parce qu'il n'y a encore ni lois, ni
souverains, ni constitutions. Quelle horreur!

Que dire de la facilité avec laquelle on tire ces terribles conséquences, sur.tout contre ceux qui se sont engagés à gouver.. ner d'après ce système? car enfin, si, d'a. près vos propres principes, vous n'êtes rien que *par la volonté générale*, je suis bien sûr que vous n'êtes rien, puisque je ne vous veux pas. Je suis bien sûr que vous n'êtes *ni mon ministre ni mon représentant*, puisque je ne vous [agrée pas. Je suis bien sûr que vous n'avez *aucune souveraineté* sur moi, puisque je ne vous en donne pas. Puisque d'après vos propres principes, les lois et les constitutions ne sont que *l'expression de la volonté générale*, je suis bien sûr qu'il n'y a encore ni lois, ni constitution, puisque je n'y consens pas. Je suis bien sûr que tout le monde n'a pas été consulté, puisque je n'ai pas été consulté, moi qui vous parle, et quand je dis moi, tous ceux de la nation qui n'ont pas été consultés plus que moi peu. vent en dire autant. Il faut donc encore dans cette nouvelle constitution, comme dans toutes les autres, chasser, exiler, égorger, massacrer : il faut encore que le sang conti-nue de couler jusqu'à ce que le contrat-social soit accompli, et il coulera encore long temps, puisqu'il ne s'effectuera jamais.

Voilà ce que c'est qu'un principe faux. C'est un poignard qui remplira tout de sang et de carnage, tant qu'il existera; et l'expérience se joint ici à la raison pour nous crier que de tous les principes faux, *l'égalité et le contrat social* sont sans contredit les plus terribles, puisque par leur perpétuelle impossibilité, tant qu'on ne s'en désistera pas, ils perpétueront leurs ravages sous toutes les formes possibles de gouvernemens.

P. V.

Témoignages des auteurs.

Malgré l'étendue vraiment effrayante du système conventionnel, il ne faut pas croire que nous soyons les seuls qui en ayons apperçu *l'impossibilité.*

1. Tous ceux qui traitent *l'état de pure nature* de folie, tels que *Titius*, *Hornius*, *M. de Buffon* et une infinité d'autres ont apperçu comme nous cette impossibilité: ceux même qui ont écrit sur cet état, tels que *Rousseau*, *Puffendorf* et autres sont convenus malgré eux de son absurdité. Ainsi il s'en faut beaucoup que nous soyons les seuls de notre avis.

2. Tous ceux qui ont étudié les principes d'ordre social dans les livres de la nature ont aperçu comme nous l'impossibilité intrinsèque du contrat social. Voilà ce qu'en dit

*l'auteur de l'ordre naturel et essentiel des so-
ciétés* chap. 16. „ Pour qu'il y eût unanimité
„ de suffrages dans toute une nation, il fau-
„. droit qu'il y eût unité de volontés. Pour
„ qu'il y eût unité de volontés, il faudroit
„ qu'il y eût unité d'intérêts : sans cela il est im-
„ possible de concilier les prétentions. Or c'est
„ ce qui ne se trouve nulle part. Interrogez
„ en particulier chaque classe, et chaque in-
„ dividu de la même nation, vous les trou-
„ verez tous désunis et divisés par des inté-
„ rêts opposés ; et cette nation qui ne vous
„ paroît être qu'un corps, parce qu'elle est
„ assemblée en un même lieu, en forme une
„ multitude qui voudroient tous s'accroître
„ et se placer aux dépens les uns des autres.
„ Une nation, même assemblée, n'est donc
„ autre chose qu'une collection d'individus où
„ chacun apporte ses opinions personnelles,
„ ses prétentions arbitraires et la ferme réso-
„ lution de les faire prévaloir. . . . . . L'una-
„ nimité complette et par conséquent l'uni-
„ versalité des suffrages est donc une chose
„ dont on ne peut se flatter, vû la contra-
„ diction des intérêts, des prétentions même
„ des opinions, *l'unanimité est impossible.*

„ *Reste donc la pluralité.* En supposant
„ même l'impossible, c. à d. la convocation
„ de la nation toute entière, tout ce qu'il est
„ possible d'en tirer pour la composition *des*
„ *lois et de la souveraineté,* ce sont les suf-

„ frages du plus grand nombre; mais alors
„ ce n'est plus toute la nation en corps *qui*
„ *fait la loi*, ce n'est plus toute la nation en
„ corps *qui constitue*, c'est une portion seu-
„ lement de la nation qui fait la loi à l'autre
„ portion: l'une la fait et l'autre la reçoît
„ contre sa volonté: celle-ci par conséquent
„ ne fait point partie du corps législatif et
„ du corps constituant. Si elle souscrit à la
„ loi ou à la constitution, ce n'est pas parce
„ qu'elle l'accepte librement et volontaire-
„ ment, mais c'est qu'elle y est contrainte
„ par des forces supérieures. . . . Le rappro-
„ chement des individus ne fait pas cesser
„ l'opposition des intérêts particuliers; tout
„ ce qui résulte de ce rapprochement, ce sont
„ des partis et des associations divisées. Par-
„ mi ces partis divisés, il en est un qui se
„ trouvant le plus nombreux, devient le plus
„ fort et domine dans les délibérations. L'as-
„ semblée finit par asservir la foiblesse des
„ uns à la force des autres; et tout le résul-
„ tat, de cette opération (d'après le système
„ du contrat social) est que les uns n'ont pu
„ parvenir à faire la loi et que les autres
„ ont fait une loi nulle puisque *l'universalité*
„ *des suffrages* n'y est pas".

De longues réflexions seroient inutiles.
Dès que *l'unanimité* est impossible et que
la pluralité ne suffit pas, dès que l'état de
pure nature est une fable, il est clair que

tous ces auteurs ne nient pas seulement les conséquences du pacte social, ils en attaquent comme nous *la possibilité*. D'après cela, voici comment nous terminons cette première partie.

Dans un système où la souveraineté tire, non seulement sa force, mais son origine et son existence du consentement tacite ou formel des sujets, il faut que tous les sujets consentent ou formellement ou tacitement, sans quoi rien n'éxiste. Qu'on y réfléchisse tant qu'on le voudra: dès-que tout résulte de la volonté des sujets, une seule volonté manquant, ou une seule volonté cessant, il n'y a plus ni convention, ni contrat ni lois, ni souveraineté, ni gouvernement. Or il est impossible que tous les individus d'une nation consentent ni formellement, ni tacitement au choix et aux décisions de ceux qui les gouvernent. Il est emore bien plus manifestement impossible que chaque individu divise ni physiquement ni moralement sa volonté en deux volontés, presqne toujours contraires, donc, tout contract social, et toute convention ou l'on crée des gouvernemens est physiquement et moralement impossible.

Mais si toute convention où l'on puisse créer des gouvernemens, est physiquement et moralement impossible, que devient donc l'opinion actuelle? que devient donc tout le système du contrat social, que deviennent

donc encore une fois tous les ouvrages qui
le supposent? que devient donc l'encyclopédie dans tous les articles qui y ont rapport?
que devient donc cette entreprise terrible de
tout exterminer jusqu'à ce que les peuples
en soient revenus à se donner des gouvernemens?

O vous qui avez formé ce projet épouvantable, quel est votre but? seroit-ce de
dévaster tout l'univers? non sans doute. Vos
intentions sont bonnes: vous voulez, comme
vous le dites, régénérer le genre humain, et
vous croyez pouvoir le faire. Vous croyez
très sincèrement que les hommes naissent
naturellement indépendans. Mais vous vous
trompez. Vous croyez très sincèrement que
dans l'origine ils furent sans chefs, sans autorités et sans propriétés. Mais vous vous
trompez. Vous croyez très sincèrement que
les peuples ont le droit de se donner des gouvernemens. Mais vous vous trompez. Vous
croyez très sincèrement qu'ils en ont le pouvoir. Mais vous vous trompez. . . . A force
d'égorger et de massacrer, vous croyez très
sincèrement, *que vous rendrez tous les hommes égaux en droits.* Mais vous vous trompez. *Vaudois, Wicleffites, Manichéens, Jac-
quets, Albigeois, Pastoureaux, Anabaptistes, Bandits, Agitateurs,* auteurs de *révolutions anciennes et modernes,* tous l'ont cru
comme vous, et ils se sont trompés. . . .

Vous êtes plus forts, plus nombreux, mieux associés qu'eux: vous avez infinement plus de moyens. Cela peut être. Dès lors, si vous persistez dans votre affreuse entreprise, vous verserez beaucoup plus de sang; vous brule. rez beaucoup plus des villages, vous boule. verserez beaucoup plus de gouvernemens: mais à la fin, vous vous tromperez, et vous serez trompés comme eux. Après tous vos massacres, toutes vos révolutions et toutes vos exterminations, les peuples auront tou. jours des chefs. Jamais ils n'auront ni le droit ni le pouvoir de se donner des gouvernemens.

Mais dira-t on; si jamais les peuples n'ont pu se donner des gouvernemens, voilà l'ordre social perdu! point du tout. Il est sauvé. Au lieu de cet édifice de boue, fondé sur l'erreur, si nous voulons revenir à la na. ture, elle nous offre un plan infiniment plus simple, plus solide, plus majestueux qu'il est temp de développer, et qui replacera sur leurs bases toutes les formes possibles de gouver. nement.

Fin du Tome Premier,